BEN KINDLER KOCHT
BADISCH

KLASSISCH KREATIV

belser

#

VORWORT

Wir in Baden sind Feinschmecker. Denn für uns Badener ist gutes Essen sehr wichtig. Ob wir selbst auf einem der unzähligen Bauernmärkte regionale Lebensmittel einkaufen, in eine Straußi gehen, um ein Viertele Wein zu schlotzen und Flammkuchen zu essen oder die klassische badische Küche in einem der vielen Landgasthöfe oder Sterrestaurants genießen – Badisch essen ist einfach eine Lebenseinstellung.

Jemanden willkommen zu heißen, bedeutet für uns, für ihn zu kochen und mit ihm am Tisch zu sitzen, ihn mit ehrlichen Produkten und leckeren Gerichten zu bewirten und für ein geselliges Miteinander zu sorgen.

Ein Kochbuch ist das Fenster zum Herzen eines Kochs. Kochen mit Liebe und Leidenschaft ist das beste Rezept für ein großartiges Essen im Topf. Klassiker aus unserem Land mit bodenständigen Produkten und kleinen regionalen Details machen genauso viel Freude wie die kreative badische Küche mit dem ein oder anderen Gewürz aus fernen Ländern.

Ich wünsche ganz viel Freude beim Einblick in die badische Küche, beim Lesen der Rezepte, beim Bestaunen der Fotos und natürlich beim Nachkochen am eigenen Herd.

Euer Ben Kindler

BADISCHE BASICS

BADISCHE BASICS
BODENSTÄNDIG UND HEIMATVERBUNDEN

Für die meisten Gerichte der klassischen badischen Küche werden einfache Produkte verwendet. Kartoffeln, Mehl, Eier, regional angebautes Gemüse und Salate sowie hochwertiges Fleisch bilden dafür die Grundlage. Die badische Landschaft ist von Feldern, Äckern und Weinbergen geprägt und die Badener lieben deftige Speisen wie Brägele oder Knöpfle, knackigen Feldsalat und frisches Gemüse aus dem Garten und natürlich den klassischen badischen Kartoffelsalat.

An Sonntagen beginnt das Essen traditionell mit einer Suppe. Dies können gebundene oder klare Suppen sein. Die Basis dafür sollte immer eine gute Brühe sein. Aber auch Saucen, Ragouts, Teigwaren und vielem mehr gibt sie den richtigen Tiefgang. Die Brühe ist somit ein wichtiger Bestandteil in der badischen Küche.

Man sollte Brühen und Fonds mit größter Sorgfalt und Ruhe kochen, dann kommt das beste Ergebnis heraus. Ich liebe es, Brühen über Nacht köcheln zu lassen. Das Besondere an den „Nachtbrühen" ist, dass sie auf leiser Flamme vor sich hinschlummern dürfen und am nächsten Morgen einfach perfekt sind. Denn bei einer Brühe gilt: Je langsamer etwas ausgekocht wird, umso schmackhafter ist es.

Die meisten Menschen scheuen sich davor, eine Brühe selbst zu kochen, weil es ihnen zu lange dauert. Die erste halbe Stunde sollte man auch wirklich dabei sein und sich um die Brühe so kümmern wie um ein Baby, danach kann man sich auf die faule Haut legen.

Eine herrlich goldgelbe Farbe und einen kräftigen Geschmack bekommt die Brühe, wenn man eine Zwiebel mit Schale halbiert und in einer Eisenpfanne ohne Fett rabenschwarz brennt und dann in die Brühe gibt.

Zu Hause muss es oft schnell gehen. Alltag und Familie lassen uns wenig Zeit zum Kochen. Im ersten Kapitel stelle ich meine badischen Basics vor. Sie können unkompliziert als Hauptmahlzeiten zubereitet werden oder sind als Beilagen mit vielen Rezepten aus den anderen Kapiteln kreativ kombinierbar.

BRÜHE

Für 4 Liter; Kochzeit: 120 Minuten; Zubereitungszeit: 25 Minuten

<u>Rinderbrühe:</u> **3 kg Rinderknochen • 200 g Suppenfleisch • 1 TL Salz • 1 Karotte • ¼ Sellerie-knolle • 1 Petersilienwurzel • 1 Lauch • ½ große Zwiebel • 1 Zweig Thymian • Muskatnuss 1 Lorbeerblatt • 5 schwarze Pfefferkörner • 2 Wachholderbeeren • Petersilienstiele**

1. Knochen und Fleisch in sprudelndem Wasser abkochen. Wasser danach weggießen. Dann die Knochen in einem großen Topf mit kaltem Wasser und Salz langsam zum Kochen bringen.

2. Sobald das Wasser kocht, die Hitze reduzieren und alles 1 Stunde köcheln lassen. Dabei unbedingt den aufkommenden Schaum mit einer Schaumkelle abschöpfen und den Fettfilm abnehmen.

3. Dann das klein geschnittene Gemüse und die Kräuter hinzugeben und nochmals 1 Stunde köcheln lassen. In der letzten ½ Stunde die Gewürze und die geschwärzte Zwiebel (s. S. 11) hinzugeben. Durch ein Sieb mit Tuch passieren und kalt stellen.

Rinderbrühe ist die kräftigste Brühe, die aber auch am längsten köcheln muss. Aus Geflügelknochen lässt sich ziemlich fix eine gute Brühe herstellen, die sich sehr gut in Saucen oder Suppen macht.
Noch einfacher und schneller kocht man eine leichte Gemüsebrühe aus Wurzelgemüse, Zwiebeln, Lauch, Kräutern und Gewürzen. Gemüsebrühe eignet sich gut für Suppen.
Brühe kocht man am besten in einer großen Menge, gefriert diese in Beuteln portioniert ein oder konserviert sie in Einmachgläsern. So kann man auch im Alltag schnell darauf zurückgreifen. Die Brühe lässt sich ganz einfach asiatisch variieren, indem man zum Schluss exotische Gewürze beigibt.

SUPPENEINLAGEN

BADISCHE RIEBELE

150 g Mehl • 1 Ei • 1 Eigelb • 1 Prise Salz Muskatnuss

1. Mehl, Ei und Eigelb mit dem Knethaken gut verkneten. Salz und Muskatnuss hinzugeben.

2. Der Teig wird nun mit einer Reibe gerieben und direkt in die heiße Brühe gegeben. Etwa 3–5 Minuten garen.

GRIESSKNÖDEL

1 Schalotte • 30 g Butter • 250 ml Milch Salz, Pfeffer, Muskatnuss • 135 g Hartweizengrieß • 1 Ei • Schnittlauch

1. Schalotte schälen, fein würfeln und im Topf mit Butter anschwitzen. Milch hinzugeben, aufkochen und kräftig mit Salz, Pfeffer und Muskatnuss abschmecken. Grieß unterrühren und die Masse bei starker Hitze etwa 10–20 Sekunden rühren.

2. Den Topf vom Herd nehmen und das verquirlte Ei unterrühren. Die Masse abkühlen lassen und den fein geschnittenen Schnittlauch dazugeben.

3. Kleine Knödel formen und in siedendes Salzwasser geben. Etwa 10 Minuten ziehen lassen. Dann herausnehmen, direkt auf den Teller legen und die heiße Brühe darüber gießen.

MARKKLÖSSCHEN

40 g Rindermark • ½ Bund glatte Petersilie ½ Brötchen • 50 g Paniermehl • 1 Ei Salz und Pfeffer aus der Mühle • Muskatnuss

1. Das Mark bei geringer Hitze in einem Topf zerlassen und durch ein feines Sieb in eine Schüssel gießen. In den Kühlschrank stellen und erkalten lassen. Dann mit dem Handrührgerät schaumig schlagen.

2. Petersilie fein hacken und das Brötchen in etwas Wasser einweichen. Paniermehl, Ei und Brötchen mit einem Holzlöffel gut verrühren. Mit Salz, Pfeffer und geriebener Muskatnuss abschmecken und die gehackte Petersilie hinzugeben.

3. Mit der Hand kleine Klößchen formen und in der heißen Suppe 5 Minuten sieden lassen, bis sie an der Oberfläche schwimmen.

FLÄDLE

4 Eier • 250 ml Milch • 1 große Prise Salz 50 g Butter • 120 g Mehl • Verschiedene Kräuter, z.B. Petersilie, Kerbel, Schnittlauch • 2 EL Butterschmalz oder Sonnenblumenöl

1. Eier, Milch und Salz in eine Schüssel geben. Butter in der Pfanne schmelzen und dazugießen. Mehl hinzugeben und gut einrühren. Die fein geschnittenen Kräuter dazugeben.

2. Eine kleine Pfanne mit Butterschmalz oder Öl auspinseln, etwas Teig in die Pfanne geben, gleichmäßig und dünn verteilen und beide Seiten bei schwacher Hitze goldgelb backen. Nach dem Erkalten die Fladen übereinanderlegen, einrollen und in dünne Streifen schneiden.

BADISCHER KARTOFFELSALAT

4 Personen; Zubereitungszeit: 50 Minuten; Ruhezeit: 60 Minuten

**600 g Kartoffeln, festkochend, möglichst kleine • ¼ TL Kümmel • 1 Zwiebel
500 ml Rinderbrühe, ersatzweise Gemüsebrühe • 1 EL Senf • 4 EL Weißweinessig
1 TL Salz • ½ TL Pfeffer gemahlen • 6 EL Traubenkernöl, ersatzweise Sonnenblumenöl**

1. Kartoffeln mit Schale in leicht gesalzenem Wasser mit Kümmel bissfest kochen. Noch warm schälen, mit einem Messer dünne Scheiben herunterschneiden und vorsichtig in eine Schüssel geben.

2. Zwiebel schälen und in feine Würfel hacken. Währenddessen Rinderbrühe in einem Topf aufkochen, Zwiebelwürfel hinzugeben und etwa 5 Minuten köcheln lassen. Den Herd ausschalten und mit einem Schneebesen Senf, Essig, Salz, Pfeffer und zuletzt das Öl einrühren.

3. Die heiße Brühe direkt über die Kartoffeln gießen und vorsichtig untermischen. Den noch flüssigen Salat mindestens 1 Stunde ziehen lassen. Frische Kräuter wie z.B. fein geschnittener Schnittlauch, gehackter Dill oder Petersilie runden den Salat ab.

Fein geschnittener Stangensellerie gibt dem Salat eine besonders knackige und würzige Note. Lauwarm oder bei Zimmertemperatur, passt Kartoffelsalat zu kaltem Fisch, Schäufele, Fleischküchle oder einfach zu einem Paar Wienerle mit Senf.

*Über Kartoffelsalat lässt sich streiten. Das ist Fakt.
Jede Region in Deutschland hat angeblich das leckerste Rezept. Mit einer kräftigen
Rinderbrühe und Kartoffeln von genau der richtigen Größe und Sorte machen wir in Baden
natürlich den allerbesten Kartoffelsalat im ganzen Land. Ist doch klar! Und wer's mag,
kann den Kartoffelsalat auch noch mit Speck verfeinern.*

MEINE ALLERLIEBSTEN SALATSAUCEN

Es gibt so viele verschiedene Essig- und Ölsorten.
Ich liebe die Vielfalt, für Zuhause reichen jedoch je zwei bis drei Essig- und Ölsorten als Basis-
ausstattung, z.B. Weißwein- und Rotweinessig, Sonnenblumen-, Raps- und Olivenöl.
Die verwendeten Essige und Öle in den Rezepten sind natürlich bewusst von mir in Kombination
mit den jeweilig anderen Zutaten ausgesucht worden. Zu streng sollte man das aber nicht
sehen. Wenn gerade nichts anderes im Haus ist, einfach benutzen, was da ist.

Ein Dressing bereite ich immer in größeren Mengen vor und bewahre es im Einmachglas im
Kühlschrank auf. Dann steht schnell ein köstlicher Salat auf dem Tisch.

WALNUSSDRESSING
100 ml

**1 kleine Schalotte • 1 kleine Zehe Knoblauch
3 EL Apfelessig • 1 große Prise Salz • schwarzer Pfeffer aus der Mühle • 4 EL Olivenöl
2 EL Walnussöl • 50 g gehackte Walnüsse**

CHILI-SENFDRESSING
100 ml

**Saft von 1 Limette • 1 EL grober Senf • 2 EL
Sweet Chili Sauce (Asia Markt) • ½ TL Salz
1 TL thailändische Fischsauce, ersatzweise
eine leichte Sojasauce • 2 EL Sesamöl, geröstet • frischer Koriander (optional)**

1. Schalotte und Knoblauch fein hacken und in eine Schüssel geben.

2. Essig, Salz und Pfeffer hinzugeben, verrühren und einige Minuten ruhen lassen.

3. Die beiden Ölsorten nacheinander mit dem Schneebesen kräftig einrühren.

4. Nüsse im Ofen bei 150 °C etwa 10 Minuten rösten, abkühlen lassen und unter das Dressing mischen.

1. Limette vor dem Aufschneiden kräftig auf der Arbeitsfläche rollen, damit sich der Saft löst. Den Saft auspressen und mit Senf und Sweet Chili Sauce in einer Schüssel verrühren.

2. Salz und Fischsauce hinzugeben und verrühren.

3. Das Sesamöl mit dem Schneebesen einrühren, den Koriander mit Stielen grob hacken und unter das Dressing oder den Salat mischen.

Schmeckt lecker zu: Feldsalat, Chicorée, Radicchio, Rohkostsalaten, z.B. Fenchel, Kohlrabi. Es kann gut ergänzt werden mit: Apfelspalten, Trauben oder gerösteten Kernen.

Schmeckt lecker zu: Asiatischen Salaten, z.B. Glasnudelsalat, buntem Gemüse, Chinakohl, Bohnen. Es kann gut ergänzt werden mit: gerösteten Erdnüssen, gerösteten Cashewkernen, gebratenem Fleisch, z.B. Hähnchenbrust.

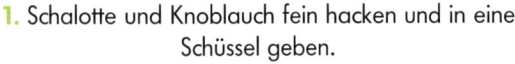

KRÄUTERVINAIGRETTE
100 ml

1 Schalotte • 1 Knoblauchzehe • 1 EL Dijon Senf • 1 EL Rotweinessig • 1 EL Weißweinessig • 1 TL Apfelsüße • 1 große Prise Salz schwarzer Pfeffer aus der Mühle • 2 EL Rapsöl, kaltgepresst • 2 EL mildes Olivenöl frische Kräuter, z.B. Schnittlauch, Petersilie, Kerbel, Dill, Borretsch

1. Schalotte und Knoblauch schälen und fein hacken.

2. In einer Schüssel Senf mit Rotwein-und Weißweinessig und Apfelsüße verrühren. Salz und Pfeffer hinzugeben und einige Minuten ziehen lassen.

3. Die beiden Ölsorten mit dem Schneebesen nacheinander einrühren, sodass eine sämige Emulsion entsteht. Schalotte und Knoblauch dazugeben.

4. Die Kräuter fein hacken. Kurz vor dem Servieren an die Salatsauce geben.

Schmeckt lecker zu: Blattsalaten aller Art, Gurken, Rettich.

DRESSING AUS SAFT (z.B. Karottensaft, Rote-Bete-Saft)
100 ml

700 ml Biosaft oder frisch gepresst • ¼ Vanilleschote • 1 Scheibe Ingwer • 2 EL weißer Balsamicoessig • 2 EL Traubenkernöl • 1 große Prise Salz • 1 Prise Chiliflocken

1. Den Saft in einen Topf geben und zusammen mit der ausgekratzten Vanilleschote, dem Mark sowie der Scheibe Ingwer auf etwa ⅓ der Menge reduzieren. Vanilleschote und Ingwer herausnehmen.

2. Mit einem Gummischaber den Topf gut auskratzen und den reduzierten Saft mit Essig und Öl glatt rühren. Mit Salz und Chiliflocken abschmecken.

Schmeckt lecker zu: grünem oder weißem Spargelsalat, Fenchelsalat, Ziegenfrischkäse, Schwarzwurzelsalat. Es kann auch gut verwendet werden als: Sauce zu Fisch oder hellem Fleisch.

BRÄGELE

2 Personen; Kochzeit: 20 Minuten; Zubereitungszeit: 20 Minuten

**500 g Kartoffeln, festkochend (Ditta, Linda, Nicola) • ¼ TL Kümmel, ganz
3 EL Butterschmalz • Salz und schwarzer Pfeffer aus der Mühle
1 kleiner Bund glatte Petersilie**

1. Kartoffeln mit Schale in leicht gesalzenem Wasser mit Kümmel weich kochen. Kartoffeln abgießen und ein-/zweimal mit kaltem Wasser abbrausen. Noch warm schälen und abkühlen lassen und in kleine dünne Scheiben schneiden.

2. Butterschmalz in einer Eisenpfanne erhitzen und die Kartoffeln ins heiße Butterschmalz geben. Bei mittlerer Hitze von beiden Seiten unter Schwenken langsam goldgelb braten.

3. Zuletzt mit Salz und Pfeffer abschmecken. Petersilie waschen und die Stiele entfernen. Die Blätter grob hacken und kurz vor dem Servieren unter die Brägele mischen.

Für Brägele eignen sich am besten Pellkartoffeln vom Vortag. Sie sollten jedoch zumindest ein paar Stunden vor dem Braten gekocht werden, da die Brägele sonst noch zu feucht sind und in der Pfanne verkleben. Brägele sind eine klassische badische Beilage, die zu vielen Fleisch- und Fischgerichten passt.

KARTOFFELSTAMPF
MIT BRAUNER BUTTER

4 Personen; Kochzeit: 25 Minuten

**500 g mehlig kochende Kartoffeln, z.B. Agria oder Augusta • 50 g Butter • 150 ml Milch
1 Prise Salz • schwarzer Pfeffer aus der Mühle • 1 Prise geriebene Muskatnuss**

1. Die Kartoffeln mit Schale in leicht gesalzenem Wasser kochen oder dämpfen, bis sie weich sind.

2. Die Butter in einen Topf geben und leicht braun werden lassen, die Milch hinzugeben und einmal aufkochen. Salz, Pfeffer und Muskatnuss hinzugeben.

3. Die Kartoffeln schälen und mit einem Stampfer zerdrücken. Die heiße Milch mit einem Schneebesen vorsichtig einrühren, bis ein geschmeidiges Püree entsteht.

Ein lockeres und luftiges Kartoffelpüree ist für mich eines der schönsten Gerichte in der badischen Küche. Es schmeckt nach Kindheit, Heimat und schreit nach Sauce, Fisch oder Fleisch. Kombiniert mit weiteren Zutaten, wie z.B. Kräutern, Vanilleschote, Röstzwiebeln oder fein geriebener Zitrusschale, eine raffinierte Beilage in der kreativen Küche.

KNÖPFLE

4 Personen; Zubereitungszeit: 20 Minuten

**5 Eier Größe M • ¼ TL Salz • 1 Prise Muskatnuss, gerieben • 250 g Mehl
2 EL Butter • frische Kräuter, z.B. Petersilie, Schnittlauch, Liebstöckel**

1. Eier mit Salz und Muskatnuss in einer Schüssel mit dem Schneebesen verrühren und nach und nach das Mehl hinzufügen. Den Teig einige Minuten ruhen lassen.

2. Mit einem Knöpflehobel den Teig portionsweise in heißes Salzwasser geben. Einmal aufkochen, die Knöpfle mit dem Schaumlöffel herausnehmen und dann im kalten Wasser abschrecken.

3. Die Knöpfle in etwas flüssiger Butter schwenken und mit Salz, Pfeffer und gehackten Kräutern abschmecken.

Gerne gebe ich 1-2 EL Rahmquark oder Crème fraîche an meinen Knöpfleteig. So wird der Teig unglaublich geschmeidig und die Knöpfle ganz leicht im Geschmack.

KLASSISCHE SAUCE
KALBSJUS ODER BRATENSAUCE

Für 400 Milliliter; Vorbereitungszeit: 30 Minuten; Kochzeit: 48 Stunden

3 kg Kalbs- oder Hähnchenknochen • 1 Karotte • ½ Sellerie • 3 mittelgroße Zwiebeln
½ Knolle Knoblauch • 2 El Sonnenblumenöl • 1 EL Tomatenmark • 600 ml Rotwein
6 schwarze Pfefferkörner • 2 Lorbeerblätter • 2 Pimentkörner • Thymianzweige
Petersilienstengel • Rosmarinzweige • 1 EL Speisestärke • 50 ml roter Portwein
1 EL kalte Butter • 1 Prise Salz

1. Die Knochen bei 180 °C in einem Bräter oder auf dem Backblech in den vorgeheizten Ofen schieben und ca. 30 Minuten goldgelb anrösten. Karotte, Sellerie, Zwiebeln und Knoblauch schälen, in 2 cm große Würfel schneiden und in einem Topf mit Öl etwa 5 Minuten bei mittlerer Hitze anrösten. Tomatenmark hinzugeben und 1 Minute lang mitrösten.

2. Knochen aus dem Ofen nehmen und hinzugeben, einmal gut durchrühren. Mit 200 ml Rotwein ablöschen und einkochen lassen. Den Vorgang zweimal wiederholen.

3. Knochen und Gemüse mit kaltem Wasser so auffüllen, dass diese etwa 1 cm bedeckt sind. Gewürze und Kräuter dazugeben und die Sauce einmal aufkochen. Dabei den auftretenden Schaum sorgfältig mit einer Schaumkelle abschöpfen. Die Sauce nun 48 Stunden bei schwacher Hitze sanft ohne Deckel köcheln lassen.

4. Knochen und Gemüse herausnehmen. Die Sauce nun durch ein feines Sieb mit Tuch passieren. Die gewonnene Sauce auf dem Herd langsam auf ⅓ der Menge einköcheln lassen.

5. Speisestärke im Portwein anrühren und mit dem Schneebesen in die Sauce rühren. Die kalte Butter ebenso einrühren. Mit einer Prise Salz abschmecken.

Da die Sauce 48 Stunden lang köcheln sollte, stelle ich meinen Herd über Nacht einfach auf die kleinste Stufe, so kann nichts passieren und die Sauce schlummert und blubbert über Nacht sanft weiter. Die fertige Sauce kann man sehr gut in eine Eiswürfelform gießen und einfrieren. So hat man immer einen Würfel Sauce parat, wenn es mal schnell gehen muss.

SCHNELLE SAUCEN

ZITRONENSAUCE

2 Schalotten • 1 EL Olivenöl • 50 ml Weißwein • 1 Zitrone: Schale fein abgerieben und Saft • 150 ml Sahne • 2 EL Klassische Sauce (s.S. 29) oder Fond aus dem Glas • 1 TL Speisestärke • 1 EL Weißwein oder Sekt • Salz und schwarzer Pfeffer aus der Mühle

1. Schalotten schälen, fein würfeln und in einer Pfanne mit Öl anschwitzen. Mit Weißwein und Zitronensaft ablöschen und auf ⅓ reduzieren. Die Sahne hinzugeben und diese ebenso auf ⅓ herunterköcheln lassen.

2. Sofern vorhanden 2 EL Klassische Sauce hinzugeben und einmal aufkochen.

3. Die Speisestärke in Weißwein oder Sekt anrühren und hinzugeben. Mit Salz und Pfeffer sowie der fein abgeriebenen Zitronenschale abschmecken.

Die Sauce passt hervorragend zu gebratenem Hähnchen oder Schnitzel und ohne die Klassische Sauce auch sehr gut zu pochiertem Fisch.

ORANGENSAUCE

1 Liter Bio-Orangensaft • 1 Orange • 1 EL Olivenöl • Salz und Pfeffer aus der Mühle

1. Orangensaft in einem Topf aufkochen und auf ca. ⅕ reduzieren.

2. Währenddessen die Schale der Orange mit einer Reibe fein abreiben und hinzugeben.

3. Mit Olivenöl, Salz und Pfeffer abschmecken.

Für die schnelle Küche im Alltag koche ich gerne Saucen aus hochwertigen Säften, indem diese einfach stark konzentriert und mit Gewürzen verfeinert werden.

BALSAMICO-ROTWEINSAUCE

2 Schalotten • 1 Zehe Knoblauch • 1 EL Olivenöl • 100 ml Rotwein • 50 ml Aceto Balsamico di Modena • 200 ml Gemüsebrühe 1 TL Speisestärke • 60 g Butter gewürfelt Salz und schwarzer Pfeffer aus der Mühle etwas Zitronensaft

1. Schalotten und Knoblauch schälen und in feine Würfel schneiden. Olivenöl in der Pfanne erhitzen, in der zuvor das Fleisch angebraten wurde. Erst die Schalotten und etwas später den Knoblauch hinzugeben und anschwitzen.

2. Mit Rotwein ablöschen und diesen auf ⅓ reduzieren. Mit Aceto Balsamico ablöschen und ebenso auf ⅓ reduzieren. Mit der Gemüsebrühe auffüllen und alles leicht köchelnd auf etwa ⅓ reduzieren.

3. Durch ein feines Sieb in einen Topf passieren, mit in Balsamico angerührter Speisestärke leicht abbinden und mit Butter aufrühren. Mit Salz und Pfeffer sowie etwas Zitronensaft abschmecken.

Diese Sauce eignet sich besonders gut für kurz gebratenes Fleisch wie Steaks oder Schnitzel. Der Bratensatz aus der Pfanne ist die perfekte Basis für diese Sauce. Das Fleisch kann während der Zubereitung im Backofen bei 75 °C warmgehalten werden.

KRATZETE

4 Personen; Zubereitungszeit: 20 Minuten; Backzeit: 10 Minuten

**3 Eier • 250 g Milch • ¼ TL Salz • 150 g Mehl • ca. 2 EL Butter
Butterflöckchen • 1 Bund Petersilie, fein gehackt • 1 Bund Schnittlauch, fein geschnitten
sonstige Kräuter, z.B. Bärlauch oder Dill • Fleur de Sel**

1. Eier trennen. Eigelb mit Milch und Salz vermengen. Das Mehl mit einem Schneebesen einrühren.

2. In einem kleinen Topf 1 EL Butter flüssig und leicht braun werden lassen. Die flüssige Butter unter den Teig rühren.

3. Das Eiweiß mit etwas Salz seidig steif schlagen. ⅓ vom geschlagenen Eiweiß mit dem Schneebesen in den Teig rühren und ⅔ mit einem Teigschaber unterheben.

4. In einer Pfanne mit feuerfesten Griffen einen Löffel Butter flüssig werden lassen. Den Teig langsam eingießen und bei wenig Hitze ca. 5 Minuten anbraten.

5. Dann in den auf 180 °C Umluft vorgeheizten Backofen stellen und etwa 5 Minuten backen.

6. Die gebackene Masse in vier Stücke teilen und wenden. Auf dem Herd bei kleiner Flamme etwa 2 Minuten nachgaren.

7. Mit zwei Gabeln die 4 Teile in kleine Stücke zerreißen. Die Butterflöckchen und die gehackten Kräuter hinzugeben und die Kratzete nochmals kurz nachbraten. Mit Fleur de Sel abschmecken.

Kratzete ist eine typisch badische Beilage zu Spargelgerichten. In meiner Küche bereite ich sie mit untergehobenem Eiweiß zu. Ein himmlischer Genuss, für den sich die Mehrarbeit lohnt.

VORSPEISEN

VORSPEISEN
ZU BEGINN ODER ALS VESPER

Wir Badener essen zum Feierabend gern mit der Familie und mit Freunden.
Als Vorspeise genießen wir zum Beispiel ein Stück Flammkuchen, eine leckere Suppe, Wurstsalat oder Ziegenkäse mit fruchtigem Chutney. Ich persönlich fahre total auf klassische
Rezepte ab. Sie gelingen sicher, schmecken lecker und geben mir das Gefühl von Heimat
und Familie.

Die Grundzutaten sind einfach und vieles davon gehört für die meisten Menschen zur
Standardausrüstung in der Küche.

Meine Welt als Koch wäre langweilig, dürfte ich nicht über die heimischen Produkte hinaus-
schauen, die klassischen Rezepturen verändern und neu interpretieren. So lasse ich gerne
durch Gewürze und Aromen aus nahen und fernen Ländern neue Kreationen entstehen,
die unseren Geschmackshorizont erweitern und den Gaumen ein wenig kitzeln, ohne dass
diese Zutaten zu sehr dominieren.
Alle Vorspeisen passen auch als Snacks zu einem Gläschen Wein oder Bier.

ROTKRAUTSALAT
MIT ZANDER UND NUSSBUTTERSCHAUM

4 Personen; Kochzeit: 20 Minuten; Zubereitungszeit: 20 Minuten

Rotkrautsalat: 200 g Rotkraut • 1 Schalotte • 2 EL Rotweinessig • Salz, Pfeffer aus der Mühle
1 Prise Zucker • ¼ TL Koriandersamen, fein gemörsert • 3 EL Rapsöl
Nussbutterschaum: 100 g Butter • 300 ml Hühner- oder Gemüsebrühe • 50 ml Milch
1 Msp. Lecithin (natürliches Bindemittel aus der Apotheke)
Zander: 400 g Zanderfilet mit Haut • 20 g Mehl • 2 EL Traubenkernöl • 30 g Butter
glatte Petersilie oder Koriander

Rotkrautsalat:

1. Die Außenblätter des Krautkopfs entfernen und den Kopf dann vierteln, den harten Strunk herausschneiden und die Viertel mit einem Hobel in dünne Streifen schneiden.

2. Die Schalotte in feine Ringe schneiden und zusammen mit dem Kraut in einer Schüssel mit Essig, Salz, Pfeffer, Zucker und Koriandersamen marinieren. Den Salat leicht durchkneten, damit er weich wird. Das Öl an den Salat geben und etwa 10 Minuten ziehen lassen.

Nussbutterschaum:

1. Die Hälfte der Butter in einem Topf goldbraun zerlassen. Dabei entsteht ein nussiger Geschmack. Mit Brühe ablöschen und auf ⅓ leicht köchelnd reduzieren. Milch hinzugeben und einmal aufkochen. Mit Salz und Pfeffer abschmecken. Dann die restliche Butter und das Lecithin mit dem Stabmixer aufschäumen und die Sauce damit abbinden. Auf kleiner Flamme warmhalten und ganz zuletzt mit einem Löffel über Salat und Fisch träufeln.

Zander:

1. Den Fisch in 4 Stücke schneiden, mit Salz und Pfeffer würzen und in Mehl wenden. Das überschüssige Mehl gut abklopfen.

2. Öl in der Pfanne erhitzen. Den Fisch zuerst auf der Hautseite etwa 2 Minuten bei mittlerer Hitze braten. Dann den Fisch wenden, den Herd ausschalten und die Butter hinzufügen.

3. Die Kräuter hacken und in die Pfanne geben, den Fisch wieder wenden und mit der flüssigen Butter beträufeln.

Damit die Fischhaut wirklich richtig kross wird, sollte der Fisch so lange wie möglich auf der Hautseite gebraten werden.

CRÈME BRÛLÉE
VON WEISSEM SPARGEL

4 Personen; Zubereitungszeit: 20 Minuten; Garzeit: 40 Minuten

**200 g weißer Spargel • 500 ml Schlagsahne • 125 ml Milch • 1 Prise Salz
1 Zitrone, Schale fein abgerieben • 5 Eigelb • ½ TL Kokosblütenzucker
½ TL Semmelbrösel • 1 TL gehackte und geröstete Pinienkerne • 1 EL Butter
1 TL Kapern • Schnittlauch**

1. Spargel schälen und in 5 cm lange Stücke schneiden. Die Spitzen beiseitelegen.

2. Sahne und Milch in einen Topf gießen, Spargel hineingeben und bei kleiner Hitze garen. Salz und Zitronenschale hinzufügen. Den Backofen auf 140 °C Ober-/Unterhitze vorheizen.

3. Spargel und Sahnegemisch mit dem Stabmixer sehr fein pürieren, etwas abkühlen lassen. Die Eigelbe hinzugeben und gut mit dem Stabmixer unterrühren.

4. Die Spargelmasse in Förmchen verteilen und diese im Wasserbad im Backofen 40 Minuten stocken lassen (25 Minuten bei 100 °C im Dampfgarer). Zum Abkühlen in den Kühlschrank stellen.

5. Den Kokosblütenzucker kurz vor dem Servieren zusammen mit Semmelbröseln und Pinienkernen dünn auf der Creme verteilen und mit dem Flämmer oder der Grillfunktion des Backofens goldbraun karamellisieren.

6. Die Spargelspitzen vierteln und in Butter 2 Minuten anbraten. Mit Salz und Pfeffer würzen. Die Spargelspitzen zusammen mit Schnittlauch und Kapern auf die Crème legen.

FLAMMKUCHEN
IN VIER VARIATIONEN

4 Personen; Zubereitungszeit: 35 Minuten; Ruhezeit: 30 Minuten

**500 g Mehl • 30 g frische Hefe • 250 ml Wasser (lauwarm) • 1 TL Zucker • 1 TL Salz
6 EL Sonnenblumenöl • 250 g Crème fraîche • 1 Prise Salz • Pfeffer aus der Mühle**

1. Mehl in eine Schüssel geben und in der Mitte eine Mulde drücken.

2. In einem Messbecher die Hefe mit Wasser (ca. 38 °C) gut verrühren. Zucker, Salz und Öl hinzugeben und mit einem Schneebesen verrühren, bis sich Zucker und Salz aufgelöst haben.

3. Die Flüssigkeit in die Mulde gießen und mit einem Holzlöffel oder einer Küchenmaschine den Teig kneten. Auf einer bemehlten Arbeitsfläche zu einer glatten Kugel formen, mit einem Geschirrtuch abdecken und 30 Minuten an einem warmen Ort ruhen lassen.

4. Den Teig in 6 gleich große Stücke schneiden und mit einem Nudelholz runde Flammkuchen mit etwa 25 cm Durchmesser ausrollen.

5. Crème fraîche in eine Schüssel geben, mit Salz und Pfeffer würzen und mit dem Schneebesen verrühren. Den Backofen auf 250 °C Unterhitze vorheizen.

6. Crème fraîche-Masse mit einem Löffel auf den Flammkuchen streichen und den Belag darüber verteilen. Den Flammkuchen nun etwa 5 Minuten goldgelb und knusprig backen.

Variante 1: „klassisch" mit Speck, Zwiebeln und Schnittlauch
Variante 2: Paprikacreme, Oliven, Schafskäse und Rucola
Variante 3: Spinat, Brie und Kerne
Variante 4: Geräucherte Forelle, Senf, Dill und Kürbis

Flammkuchen werden eigentlich sehr dünn ausgerollt. Ich mag es gerne, wenn der Teig etwas dicker ist. Am liebsten backe ich meine Flammkuchen auf dem Backstein. Dadurch entsteht ein wunderbar knuspriger Boden.

APRIKOSENCHUTNEY
MIT ROSMARIN UND CHILI

4 Personen; Vorbereitungszeit: 20 Minuten; Kochzeit: 10 Minuten

**8 reife Aprikosen • 1 rote Zwiebel • 1 Knoblauchzehe • 2 EL Zucker • 2 EL Gin
50 ml Weißweinessig • 1 Zweig Rosmarin oder Lavendel • 1 Prise Salz • schwarzer Pfeffer
aus der Mühle • 1 Prise mildes Chilipulver**

1. Die Aprikosen entkernen und würfeln. Zwiebel und Knoblauch schälen und fein hacken.

2. Den Zucker im Topf langsam erhitzen, bis er schmilzt und hellbraun wird. Dann Zwiebel und Knoblauch dazugeben.

3. Mit Gin und Essig ablöschen, die Hitze reduzieren und köcheln lassen, bis sich der Zucker ganz aufgelöst hat.

4. Aprikosen hinzugeben und etwa 5 Minuten weich köcheln lassen.

5. Rosmarin oder Lavendel fein hacken, hinzugeben und mit Salz und Pfeffer abschmecken. Zuletzt einen Hauch Chili hinzufügen.

Dieses Chutney schmeckt wunderbar zu Ziegenfrischkäse, geschmortem oder kurz gebratenem Lamm oder einfach zu knackig gebratenem Sommergemüse.

HECHT-CEVICHE
MIT GRÜNEM SPARGEL, AVOCADO UND GRAPEFRUIT

2 Personen; Zubereitungszeit: 35 Minuten; Ruhezeit: 5 Minuten

**200 g Hechtfilet ohne Haut und Gräten • 200 g grüner Spargel • 2–3 EL Olivenöl
1 Avocado, reif • 4 Radieschen • 4 Shiitake-Pilze • frische Kräuter, z.B. Schnittlauch, Dill,
glatte Petersilie • 1 Grapefruit (ersatzweise eine Orange)
1 Zitrone (Zitronensaft und Schale, fein abgerieben)
½ TL Fleur de Sel • schwarzer Pfeffer aus der Mühle • optional: Chilifäden, getrocknet**

1. Das Hechtfilet vorsichtig in 5 mm dünne Streifen schneiden.

2. Spargel schräg in 3 cm große Stücke schneiden, in einer Pfanne etwa 2 Minuten scharf anbraten und abkühlen lassen.

3. Avocado und Radieschen in Würfel schneiden, Pilze in dünne Scheiben schneiden und die Kräuter hacken.

4. Grapefruit mit einem scharfen Messer auf einem Schneidebrett von oben nach unten vorsichtig abschälen, sodass auch die Haut entfernt wird. Dann über einer Schüssel die Filets herausschneiden. Dabei den Saft auffangen.

5. Mit dem Schneebesen aus Zitronensaft, Zitronenschale, Grapefruitsaft, Salz, Pfeffer und den Chilifäden eine Marinade rühren.

6. Kurz vor dem Servieren alle Zutaten in einer Schüssel mit der Marinade vermischen, zuletzt den Fisch hinzugeben. Etwa 5 Minuten ziehen lassen. Mit Fleur de Sel, Chili und Pfeffer abschmecken.

ROTE BETE AUS DEM OFEN

4 Personen; Vorbereitungszeit: 5 Minuten; Garzeit: 60–90 Minuten

600 g Rote Bete • 2 EL Olivenöl • 1 TL Kreuzkümmel • 200 g grobes Meersalz

1. Rote Bete waschen, ungeschält mit Olivenöl und Kreuzkümmel einreiben und auf ein Backblech mit Meersalz setzen.

2. Im Backofen bei 170 °C je nach Größe der Knollen zwischen 60 und 90 Minuten garen. Mit einer Nadel überprüfen, ob sie weich bzw. gar sind.

3. Die Rote Bete abkühlen lassen, schälen und in Scheiben schneiden.

Am besten eignen sich kleine Knollen, sie sind schneller gar. Ich verwende sie dann fein geschnitten als Salat oder etwas gröber geschnitten und in Butter angeschwenkt als Beilage zu Fisch oder Fleisch.
Oft werde ich gefragt, warum ich die Rote Bete nicht einfach in Wasser koche. Aber nur im Backofen kann ich den vollen und unglaublich erdig-runden Geschmack aus der Roten Bete herausholen, ohne dass sich der Geschmack im Kochwasser verliert.

WURSTSALAT
MIT ZWEIERLEI SELLERIE UND BLUTWURST

2 Personen; Vorbereitungszeit: 20 Minuten; Zubereitungszeit: 5 Minuten

**1 kleiner Knollensellerie • 4 Stangen Sellerie • 1 Zwiebel • 150 g Blutwurst
40 ml Rotweinessig • 10 ml weißer Balsamicoessig • Salz und Pfeffer aus der Mühle
½ TL Paprikapulver rosenscharf • 50 ml Olivenöl • 50 ml Traubenkernöl
frische Kräuter, z.B. Majoran, Petersilie, Schnittlauch • 1 Prise Chilipulver • Fleur de Sel**

1. Den Knollensellerie waschen und mit der Schale in leicht gesalzenem Wasser etwa 50 Minuten garen, herausnehmen und abkühlen lassen, schälen und in Streifen schneiden.

2. Stangensellerie in dünne Streifen schneiden und die Zwiebel in dünne Ringe schneiden.

3. Die Pelle von der Blutwurst abziehen und die Wurst in Streifen schneiden.

4. Die beiden Essigsorten, Salz und Pfeffer sowie Paprikapulver in einer Schüssel verrühren und einige Minuten ziehen lassen. Mit dem Schneebesen die beiden Ölsorten einrühren, sodass eine sämige Emulsion entsteht.

5. Die Kräuter grob hacken. Sellerie, Wurst und die Kräuter mit dem Dressing in der Schüssel mischen und mit einer Prise Chilipulver und Fleur de Sel abschmecken.

Statt Fleischwurst verwende ich in meinem Wurstsalat hochwertige Blutwurst von meinem Lieblingsmetzger und kombiniere sie mit dem markanten Geschmack von Sellerie. Zugegeben, ein Gericht mit Zutaten, die nicht jeder mag. Vielleicht ist es gerade deshalb einen Versuch wert, dieses Rezept einmal auszuprobieren. Mit einem Stück Bauernbrot schmeckt der Salat so unglaublich gut, dass ich selbst überrascht war, als ich ihn zum ersten Mal zubereitet habe.

GUTEDELRAHMSUPPE
MIT ASIATISCHEN AROMEN

4 Personen; Vorbereitungszeit: 30 Minuten; Kochzeit: 25 Minuten

Suppe: 1 große Zwiebel • 2 Stangen Sellerie • 1 Stange Lauch • 2 EL Olivenöl
40 g Butter • 20 g Mehl • 400 ml Gutedel • 400 ml Gemüsebrühe oder Geflügelbrühe
2 Zitronengras • 200 ml Sahne • Salz und Pfeffer • ½ Zitrone • 4 Kaffir-Limettenblätter
Knusprige Brotwürfel: 4 Scheiben Bauernbrot • 2 EL Sonnenblumenöl • 20 g Butter
1 Prise Salz

Suppe:

1. Zwiebel schälen und in feine Würfel schneiden, Sellerie in Würfel schneiden. Das Grün vom Lauch entfernen und das weiße Stück in Ringe schneiden.

2. Olivenöl in einem Topf erhitzen und das Gemüse darin anschwitzen. Die Butter hinzugeben und aufschäumen lassen. Das Mehl in den Topf sieben und unter das Gemüse rühren. Mit Weißwein ablöschen, mit Brühe auffüllen und auf die Hälfte einköcheln lassen.

3. Das Zitronengras mit dem Messerrücken aufklopfen und während des Kochvorgangs mitkochen. Sahne hinzugeben und einmal aufkochen.

4. Zitronengras herausnehmen und die Suppe mit dem Stabmixer sämig pürieren. Mit Salz, Pfeffer und Zitronensaft abschmecken.

5. Die Kaffir-Limettenblätter in hauchdünne Streifen schneiden und kurz vor dem Servieren auf die Suppe geben.

Knusprige Brotwürfel:

1. Das Bauernbrot in grobe Würfel schneiden und in einer Pfanne mit Öl bei mittlerer Hitze knusprig braten. Die Butter in kleinen Flocken hinzugeben und mit Salz würzen.

2. Auf Küchenkrepp abtropfen lassen und kurz vor dem Servieren in die Suppe geben.

HAUPTSPEISEN

HAUPTSPEISEN
RUSTIKAL UND KREATIV

Nachdem wir mit Vorspeisen, Salaten oder Kleinigkeiten den ersten Hunger gestillt und so richtig Appetit bekommen haben, lassen wir uns jetzt das Hauptgericht schmecken. Kreativ zusammengestellt, sollte es den Gaumen nicht zu stark beanspruchen. Ein natürlich gewachsenes Gemüse kann so viel Eigengeschmack haben, dass es, zubereitet mit ein paar Kräutern und hochwertigem Salz, ein köstliches Festessen sein kann.

Auch bei Fleisch und Fisch ist für mich die Qualität der Produkte von größter Wichtigkeit. Beim Einkaufen achte ich nicht nur auf die Frische, sondern auch auf die Herkunft. Mein Fleisch beziehe ich vom regionalen Metzger des Vertrauens und den Fisch hole ich auf dem Markt bei meinem Händler, bei dem Forellen und Saiblinge noch am frühen Morgen im Schwarzwälder Quellwasser geschwommen sind.

Dann geht es los. Es wird sorgfältig geschnitten oder filetiert, achtsam gewürzt und gebraten, um den tollen Eigengeschmack nicht zu überdecken.

Mein Traum ist es, mit meiner Kochschule irgendwann auf einen Bauernhof umzuziehen, wo jeder meiner Gäste sehen kann, woher die Produkte kommen und wie sie gedeihen. Ich finde, jeder Mensch, der Fleisch isst, sollte zumindest einmal bei einer Schlachtung mit dabei gewesen sein, um achtsam mit Fleisch umzugehen oder um sich bewusst zu machen, dass das, was wir da auf dem Teller haben, ein Tier ist.

HAUPTSPEISEN
HUFEISEN

RINDERSTEAK
MIT RÖSTZWIEBELN UND ROTWEINSCHALOTTEN

Für 1 Steak; Zubereitungszeit: 10 Minuten; Garzeit: 20 Minuten

**250 g Rumpsteak oder Rinderhüfte • Sonnenblumenöl • 1 Knoblauchzehe
1 Rosmarinzweig • 1 Thymianzweig • 1 EL Butter • Meersalzflocken • schwarzer Pfeffer**

1. Das Fleisch etwa 1 Stunde vor dem Braten aus dem Kühlschrank nehmen, damit es Zimmertemperatur bekommt.

2. Öl in einer Gusseisenpfanne erhitzen und das Fleisch darin von jeder Seite 2 Minuten scharf anbraten.

3. Die Knoblauchzehe andrücken, zusammen mit den Kräuterzweigen hinzugeben und mitbraten.

4. Die Temperatur auf mittlere Hitze stellen und das Fleisch braten:

<u>Medium Rare:</u>
Zwei weitere Minuten auf jeder Seite
<u>Medium:</u>
Vier weitere Minuten auf jeder Seite
<u>Rosa:</u>
Sechs weitere Minuten auf jeder Seite
<u>Durchgebraten:</u>
Leider verboten

5. Nun die Butter in die Pfanne geben und aufschäumen. Den Herd ausschalten und das Fleisch mit der Butter begießen.

6. Das Fleisch vor dem Servieren mit Meersalzflocken und grob zerstoßenem Pfeffer bestreuen.

Das Rezept ist für 1 Steak angegeben. Bei mehreren Personen brate ich lieber größere Stücke an, anstatt für jeden 1 Steak. So kaufe ich für 2 Personen 1 großes Steak mit 500 g und schneide es dann auf. So bleibt das Fleisch saftiger. Die Garzeit muss dann einfach verdoppelt werden.

RÖSTZWIEBELN

4 Personen; Vorbereitungszeit: 5 Minuten; Garzeit: 5 Minuten

2 große Zwiebeln • 1 TL Paprikapulver • 3 EL Mehl • 200 ml Erdnussöl • Salz

1. Zwiebeln in dünne Ringe schneiden. Paprikapulver und Mehl auf einem Teller mischen und die Zwiebeln darin wenden.

2. Erdnussöl erhitzen und die Zwiebeln darin goldgelb ausbacken.

3. Auf einem Küchenkrepp abtropfen lassen und mit Salz würzen.

ROTWEINSCHALOTTEN

4 Personen; Vorbereitungszeit: 10 Minuten; Garzeit: 10–20 Minuten

**10 Schalotten • 1 EL Butter • 2 EL Olivenöl • 1 große Prise Zucker
100 ml Rotwein • 1 Prise Salz • 1 Zweig Thymian**

1. Die geschälten Schalotten in einem Topf mit Butter und Olivenöl anrösten und den Zucker darüberstreuen.

2. Mit dem Rotwein ablöschen und aufgießen, bis die Schalotten bedeckt sind.

3. Salz und Thymianzweig hinzugeben und bei mittlerer Hitze etwa 15–20 Minuten mit Deckel köcheln lassen.

4. Den Deckel entfernen und den Rotwein etwas einköcheln lassen.

KALBSKOTELETT
MIT MEDITERRANEM GEMÜSE

2 Personen; Zubereitungszeit: 10 Minuten; Garzeit: 35 Minuten; Ruhezeit: 10 Minuten

Kalbskotelett: 1 Kalbskotlett mit Knochen, ca. 600 g • 2 EL Mehl • Sonnenblumenöl
1 Knoblauch • Rosmarin • Thymian • 1 EL Butter • ½ TL Fleur de Sel
½ TL schwarzer Pfeffer • 1 Prise Chiliflocken

Mediterranes Gemüse: 10 Kirschtomaten • 1 Fenchel oder Stangensellerie • 1 Knoblauchzehe • 1 EL Kapern • 50 g Kalamata Oliven • frische Kräuter, z.B. Rosmarin, Thymian,
Oregano • 2 EL Olivenöl • Salz und Pfeffer • 1 Zitrone

Kalbskotelett:

1. Die Fettschicht am Kalbskotelett mit dem Messer leicht einritzen und von allen Seiten in Mehl wenden. Mehl gut abklopfen, sodass eine dünne Schicht daran haften bleibt.

2. Eine große Pfanne erhitzen, Öl hinzugeben und das Kotelett zuerst mit der Fettseite in die Pfanne stellen und knusprig anbraten.

3. Das Kalbskotelett dann von beiden Seiten goldgelb anbraten. Dabei den Rosmarin und den Thymian sowie den Knoblauch, grob geschnitten, in die Pfanne legen und mitbraten. Die Pfanne zur Seite stellen. Sie wird später wieder gebraucht.

4. Das Fleisch dann auf ein Backblech mit Gitter setzen und im Backofen bei 120 °C Umluft ca. 35 Minuten rosa garen oder mit einem Thermometer die Kerntemperatur auf 58 °C einstellen. Den Backofen ausschalten und die Tür öffnen. Das Kalbskotelett noch etwa 5–10 Minuten ruhen lassen.

5. Die Butter in der Pfanne erhitzen und leicht braun werden lassen. Das Kotelett kurz in der Butter wenden und großzügig mit Fleur de Sel, zerstoßenem Pfeffer und Chiliflocken würzen.

Mediterranes Gemüse:

1. Die Kirschtomaten halbieren, Fenchel oder Sellerie in Stücke schneiden und Knoblauch hacken. Alles zusammen mit Kapern, Oliven, Olivenöl, den Kräuterzweigen, Salz, Pfeffer und der abgeriebenen Zitronenschale gut mischen.

2. Das Gemüse auf das Backblech zum Kotelett legen und 25 Minuten garen.

Die Bratbutter des Koteletts eignet sich bestens, um Kartoffeln, Nudeln oder Gemüse darin kurz zu aromatisieren.
Ich verwende immer Bio-Zitronen, da die Schale nach der Ernte nicht behandelt wird.

SCHÄUFELE
MIT LINSENSALAT

4 Personen; Zubereitungszeit: 25 Minuten; Kochzeit: 60 Minuten

Schäufele: 600 g Schäufele • 2 l Wasser • 2 EL Weißweinessig • 100 ml Weißwein
1 Zwiebel • 2 Lorbeerblätter • 2 Gewürznelken • 8 schwarze Pfefferkörner • 1 Prise Salz
Linsensalat: 80 g Berglinsen • 80 g braune kleine Linsen • 1 Schalotte • 1 Knoblauchzehe
4 Essiggurken • 4 Frühlingslauch • ½ Bund glatte Petersilie • 2 EL Aceto Balsamico di
Modena • 1 EL grober Senf • Salz und Pfeffer aus der Mühle • 4 EL Olivenöl

Schäufele:

1. Das Schäufele in einem Topf mit Wasser, Weißweinessig und Weißwein bedecken.

2. Die Zwiebel schälen und grob würfeln. Lorbeerblätter, Gewürznelken, Pfefferkörner und Salz hinzugeben und zum Kochen bringen. Das Schäufele nun etwa 60 Minuten sanft köcheln lassen.

3. Das Schäufele in dünne Scheiben schneiden und auf dem Salat anrichten.

Linsensalat:

1. Die Linsen in ungesalzenem Wasser 20–25 Minuten kochen. Das Wasser abgießen und die Linsen mit kaltem Wasser abschrecken und gut abtropfen lassen.

2. Schalotte und Knoblauchzehe schälen und klein schneiden. Die Essiggurken fein würfeln. Den Frühlingslauch putzen, die äußerste Schale entfernen und in dünne Ringe schneiden. Petersilie hacken.

4. Aceto Balsamicoessig mit Senf in einer Schüssel verrühren. Salz, Pfeffer, Knoblauch und Zwiebeln hinzugeben und 5 Minuten ziehen lassen, dann das Olivenöl einrühren.

5. Linsen, Essiggurken, Petersilie und Frühlingslauch an die Sauce geben und alles gut mischen.

Schäufele ist „der" badische Klassiker überhaupt. Allein der Name ist schon so urig. Das Schäufele ist ein Teil der Schweineschulter, das mit dem Schulterblatt des Schweins verbunden ist. Dieses hat die Form einer Schaufel. Bei uns in Baden ist das Schäufele zusammen mit Kartoffelsalat (s.S. 17) bei vielen das Festessen an Heiligabend. Mit diesem köstlichen Linsensalat wird es auch zum leichten Sommergericht.

REHRAGOUT
MIT GIN, FEIGEN UND SCHOKOLADE

4 Personen; Vorbereitungszeit: 30 Minuten; Kochzeit: 90 Minuten

Ragout: 1 kg Rehschulter/-hals • Salz, Pfeffer, Mehl • 1 Karotte • ¼ Sellerie • ¼ Stange Lauch
3 Zwiebeln • 1 Zehe Knoblauch • 3 EL Sonnenblumenöl • 1 EL Tomatenmark
2 EL Gin • 500 ml trockener Rotwein • 5 Pfefferkörner • 2 Nelken • 1 Sternanis
3 Wachholderbeeren • 3 Lorbeerblätter • 30 g Zartbitterschokolade 70 %
Gin zum Abschmecken

Eingelegte Feigen: 4 Feigen • 50 g Zucker • 50 ml Wasser • 200 ml Rotwein • 100 ml Balsamicoessig • 1 Vanilleschote • 1 Nelke • 1 Sternanis • 1 Prise Salz • 1 TL Speisestärke
2 EL Rotwein

Ragout:

1. Fleisch in gleichmäßige ca. 2 cm große Würfel schneiden, auf ein Blech legen und mit Salz und Pfeffer würzen sowie rundherum mit Mehl bestäuben. Das Gemüse schälen und in 2 cm große Würfel schneiden.

2. In einem Topf das Öl erhitzen und das Fleisch aufgeteilt in zwei Portionen scharf anbraten und auf einem Sieb abtropfen lassen.

3. Karotte, Sellerie, Zwiebeln anrösten. Den fein gehackten Knoblauch, Lauch und das Tomatenmark hinzugeben und rostbraun anrösten.

4. Das Fleisch in den Topf geben, einmal durchrühren und erst mit Gin und dann mehrmals mit Rotwein ablöschen. Gewürze in ein Tee-Ei geben und ins Ragout legen.

5. Mit Wasser aufgießen, bis das Fleisch gut bedeckt ist und bei schwacher Hitze ca. 90 Minuten durch sanftes Köcheln garen, bis das Fleisch weich ist.

6. Die Gewürze herausnehmen und mit etwas dunkler Schokolade, Salz, Pfeffer und einem EL Gin abschmecken.

Eingelegte Feigen:

1. Feigen waschen und vierteln.

2. Zucker mit 50 ml Wasser in einem Topf karamellisieren. Mit Rotwein und Balsamicoessig ablöschen und den Zucker kochen, bis er sich aufgelöst hat.

3. Vanilleschote auskratzen und das Mark zusammen mit Nelke, Sternanis und Salz dazugeben. Einmal aufkochen und 10 Minuten ohne Deckel ziehen lassen.

4. Die Speisestärke in Rotwein anrühren und die Flüssigkeit damit abbinden.

5. Die geviertelten Feigen in Einmachgläser geben und die kochende Flüssigkeit darübergießen. Für mindestens 4 Wochen an einem kühlen und dunklen Ort verschlossen halten.

Wer mag, kann noch gebratene Herbstpilze ins Ragout geben.

CORDON BLEU
MIT GARNELE, CHILI UND BERGKÄSE GEFÜLLT

4 Personen; Zubereitungszeit: 30 Minuten; Garzeit: 20 Minuten

**600 g Schnitzelfleisch aus Kalbsrücken oder Kalbsoberschale • 60 g Allgäuer Bergkäse
4 Garnelen • Salz • schwarzer Pfeffer aus der Mühle • 2 EL Sweet Chili Sauce
4 Kaffir-Limetten Blätter • Zahnstocher • 2 Eier • 100 g Mehl • 100 g grobes Paniermehl
Erdnussöl • 50 g Butter • 1 Zitrone • Petersilie**

1. Das Fleisch zwischen zwei Klarsichtfolien legen und mit dem Fleisch-klopfer vorsichtig platt klopfen. Den Bergkäse in Würfel schneiden.

2. Die Garnele schälen und der Länge nach halbieren. Mit Salz, Pfeffer und der Sweet Chili Sauce marinieren.

3. Das Fleisch von beiden Seiten mit Salz und Pfeffer würzen. Je zwei halbe Garnelen mit einem Würfel Käse und einem Kaffir-Limetten-blatt in die Mitte des Fleischstücks legen, dieses zuklappen und mit einem Zahnstocher fixieren.

4. Die Eier verrühren. Einen Teller mit Mehl und einen Teller mit Paniermehl bereitstellen. Das Cordon Bleu panieren. Dabei das Pa-niermehl zum Schluss gut andrücken.

5. Eine Pfanne mit Erdnussöl erhitzen und das Fleisch darin von jeder Seite etwa 2–3 Minuten goldgelb anbraten. Die Hitze nun etwas reduzieren und die gewürfelte Butter in die Pfanne geben, diese auf-schäumen und das Fleisch damit mehrmals übergießen. Cordon Bleu herausnehmen und auf Küchenkrepp legen.

6. Zum Garnieren: Zitrone halbieren, geröstete Petersilie (s. S. 89).

GESCHMORTE ENTENKEULE
MIT GLASIERTEN MARONEN UND BRIOCHE-KNÖDELN

4 Personen; Vorbereitungszeit: 30 Minuten; Garzeit: 90 Minuten

4 Entenkeulen • 2 mittelgroße Zwiebeln • 1 Karotte • 1 kleine Sellerieknolle
3 EL Sonnenblumenöl • 2 EL Tomatenmark • 4 Zweige Thymian • 2 EL Dörrpflaumenmus
500 ml Rotwein • 1 Stange Zimt • 1 Lorbeerblatt • 2 Gewürznelken • 2 Pimentkörner
50 g Butter • Salz und Pfeffer

1. Von den Keulen das überstehende Fett abschneiden und von beiden Seiten salzen und pfeffern. Zwiebeln, Karotten, und Sellerie schälen und in 1 cm große Würfel schneiden.

2. Einen Bräter mit Sonnenblumenöl erhitzen und die Entenkeulen zuerst auf der Hautseite 3 Minuten knusprig braten und von der anderen Seite 1 Minute anbraten. Die Keulen dann herausnehmen und beiseitestellen.

3. Den Boden des Bräters wieder mit Öl bedecken und darin das gewürfelte Gemüse rundherum bei mittlerer Hitze etwa 5 Minuten anrösten.

4. Tomatenmark, Thymianzweige und Dörrpflaumenmus hinzugeben. 2 weitere Minuten anrösten.

5. Die Keulen nun wieder in den Bräter legen, mit Rotwein ablöschen und komplett einkochen lassen.

6. Den Bräter mit Wasser auffüllen, sodass die Entenkeulen etwa 2 cm mit Wasser bedeckt sind.

7. Die Gewürze und eine große Prise Salz hinzugeben, mit Deckel ca. 90 Minuten schmoren.

8. Die Keulen mit einer Fleischgabel herausnehmen. Die Gewürze entfernen und den Schmorfond mit dem Gemüse durch ein feines Sieb drücken, um eine sämige Sauce zu erhalten.

9. Die Butterflöckchen in die Sauce einrühren und mit Salz und Pfeffer abschmecken. Die Entenkeule wieder hineinlegen und langsam erhitzen.

GLASIERTE MARONEN

4 Personen; Vorbereitungszeit: 20 Minuten; Zubereitungszeit: 10 Minuten

200 g Maronen • 60 g Zucker • 20 ml Wasser • 50 ml Orangensaft • 50 ml Rotwein

1. Die Maronen mit dem Messer an der Spitze kreuzförmig einritzen, auf einem Backblech mit 100 ml Wasser etwa 15 Minuten im vorgeheizten Backofen bei 200 °C garen, abkühlen lassen und schälen.

2. Zucker mit Wasser in einer Pfanne karamellisieren. Die Maronen hinzugeben und mit Orangensaft und Rotwein ablöschen. Alles bei mittlerer Hitze reduzieren lassen, bis die Maronen glasiert und von einer sämigen Sauce umgeben sind.

BRIOCHE-KNÖDEL

4 Personen; Vorbereitungszeit: 30 Minuten; Garzeit: 8–10 Minuten

Knödelteig: 400 g Brioche oder ersatzweise Einback • 1 kleine Zwiebel • 50 g Butter 100 ml Milch • Salz und Pfeffer • Muskatnuss • 2 Eier • ½ Bund glatte Petersilie Bröselbutter: 50 g Butter • 30 g Paniermehl • 1 Prise Salz

Knödel:

1. Brioche in 2 cm große Würfel schneiden, im Backofen bei 140 °C 10 Minuten trocknen und in eine Schüssel geben.

2. Die Zwiebel in feine Würfel schneiden. Butter in einem Topf schmelzen und die Zwiebel darin glasig anschwitzen. Mit Milch aufgießen und einmal aufkochen.

3. Die Milch mit Salz, Pfeffer und Muskatnuss abschmecken und heiß über die Briochewürfel gießen.

4. Eier verquirlen, unter die Masse rühren und 30 Minuten ziehen lassen. Petersilie hacken und hinzugeben.

5. Hände mit Wasser befeuchten und kleine runde Knödel formen.

6. Leicht gesalzenes Wasser in einem großen Topf aufkochen und alle Knödel hineingeben. Hitze reduzieren und ca. 5 Minuten sanft köcheln lassen. Die Knödel sind fertig, wenn sie an der Oberfläche schwimmen.

Bröselbutter:

1. Butter in einer Pfanne schmelzen, Paniermehl hinzugeben und goldbraun anrösten.

2. Die Knödel mit einer Kelle aus dem heißen Wasser nehmen, gut abtropfen lassen, in die Pfanne geben und in der Bröselbutter wenden. Mit einer Prise Salz würzen.

MISTKRATZERLE
AUS DEM OFEN MIT GEWÜRZBUTTER

2 Personen; Vorbereitungszeit: 15 Minuten; Ruhezeit: 30 Minuten; Garzeit: 35 Minuten

150 g Butter, Zimmertemperatur • 2 Gewürznelken • ½ TL Kreuzkümmel
¼ TL roter Pfeffer • 2 Kardamomkapseln • 1 TL Currypulver • 1 Prise Piment d'Espelette
½ TL Fleur de Sel • 1 TL Ingwer • 1 EL Sojasauce • 1 Fenchel • 2 Karotten • 1 Bund Frühlings-
zwiebel • 1 Zwiebel • 2 Stubenküken, ca. 400 g • 3 EL Sonnenblumenöl

1. Butter mit dem Handrührgerät schaumig schlagen. Gewürze in einem Mörser fein mahlen, mit Currypulver, Piment d'Espelette und Fleur de Sel mischen. Den Ingwer fein hacken und zusammen mit der Sojasauce unter die Butter rühren.

2. Diese Gewürzbutter auf ein Backpapier geben und zu einer Rolle formen. Im Kühlschrank kalt stellen.

3. Das Gemüse in 3 cm große Stücke schneiden. Stubenküken von innen und außen salzen.

4. Die kalte Gewürzbutter in dünne Scheiben schneiden und unter die Haut der Brust schieben.

5. Öl in einer Kasserolle erhitzen und das Küken darin rundherum anbraten.

6. Nach dem Braten das Gemüse um das Küken legen und im vorgeheizten Backofen bei 160 °C etwa 30 Minuten garen. Während des Garens immer wieder mit einem Löffel die austretende Butter über das Küken gießen.

7. Den Backofen auf Grillfunktion umstellen und das Küken bei 210 °C 5 Minuten knusprig grillen.

Mistkratzerle sind junge Hähnchen, die etwa 4–6 Wochen alt und besonders zart sind. Offiziell heißen sie Stubenküken und kommen meist aus dem benachbarten Elsass, wo es hervorragendes Geflügel aus Freilandhaltung gibt.
Dieses Gericht kann natürlich auch mit einem großen Hähnchen zubereitet werden, dann einfach die Garzeit anpassen.

HAUSFISCH EISEN

SCHWARZWALDFORELLE
IN DER KRÄUTERSALZKRUSTE

1 Person; Vorbereitungszeit: 15 Minuten; Garzeit: 30 Minuten

1 Forelle, ca. 300 g • 1 Handvoll Kräuter, z.B. Petersilie, Kerbel, Schnittlauch, Thymian, Lavendel, Majoran • 400 g grobes Meersalz • 1 Zitrone • 2 Eiweiß

1. Die Forelle unter kaltem Wasser abspülen und trocken tupfen. Die Kräuter mit einem großen Küchenmesser fein hacken und mit dem Meersalz in eine Schüssel geben. Die Zitronenschale mit einer Reibe abreiben und hinzugeben.

2. Das Eiweiß mit dem Handrührgerät halbsteif schlagen und hinzugeben. Mit der Hand gut untermischen.

3. Den Backofen auf 160 °C Ober-/Unterhitze vorheizen. Auf ein Backblech die Hälfte der Salzmasse geben. Den Fisch darauf legen. Mit der zweiten Hälfte den Fisch gut bedecken. Das Blech in den Ofen schieben und etwa 30 Minuten garen.

4. Vor dem Servieren die Salzkruste mit einer Gabel ganz vorsichtig aufbrechen und die Filets herausnehmen.

Zu diesem Gericht passt wunderbar ein leichtes Gemüse, z. B. das Gurkengemüse von Seite 103 oder das Schwarzwurzel-Ragout von Seite 100. Dazu reiche ich gedämpfte Kartoffeln.

BOUILLABAISSE
VON SÜSSWASSERFISCHEN

4 Personen; Vorbereitungszeit: 30 Minuten; Kochzeit: 30 Minuten

2 ganze Saiblinge oder Forellen • 200 g Zanderfilet ohne Haut • 2 Zwiebeln
2 Knoblauchzehen • ½ Stange Lauch • 2 mittelgroße Möhren • 2 große Kartoffeln
2 Fleischtomaten oder 1 EL Tomatenmark • 4 EL Olivenöl • 250 ml Weißwein
Kräuter, z.B. Rosmarin, Thymian, Estragon • 1,5 l kaltes Wasser • Salz • schwarzer Pfeffer
aus der Mühle • 2 Lorbeerblätter • 1 Prise Piment d'Espelette
<u>Für die Fischfiletstücke:</u> Salz und Pfeffer • 3 EL Olivenöl

1. Den Fisch unter kaltem Wasser abbrausen und trocken tupfen.
Mit einem Filetiermesser die Filets von Saibling oder Forelle herausschneiden und die Gräten mit Kopf aufbewahren.

2. Zwiebeln, Knoblauch, Lauch, Möhren, Kartoffeln und Tomaten
waschen bzw. schälen und grob würfeln.

3. Olivenöl in einem großen Topf erhitzen und das Gemüse bis auf
die Tomaten rundherum goldgelb anbraten.

4. Etwas später die Tomaten oder das Tomatenmark hinzugeben
und 2 Minuten mitrösten.

5. Die Fischköpfe und -gräten hinzugeben und 2 weitere Minuten
mitbraten.

6. Mit Weißwein ablöschen und diesen komplett einkochen lassen.
Mit Wasser auffüllen und die Kräuterzweige hineinlegen. Salz und
Pfeffer sowie die Lorbeerblätter dazugeben.

7. Die Suppe nun etwa 20 Minuten sanft köcheln lassen. Dann die
Fischgräte herausnehmen und die Suppe mit Piment d'Espelette, Salz
und Pfeffer abschmecken.

8. Die Fischfilets in mundgerechte Stücke schneiden. Mit Salz und
Pfeffer würzen und in einer Pfanne mit etwas Olivenöl von beiden
Seiten etwa 1 Minute scharf anbraten und in die Suppe legen.

*Zu dieser Fischsuppe serviere ich gerne ein paar Scheiben knusprig gebratenes Bauern-
brot. Dazu einfach das Brot in der Pfanne, in der die Fischfilets gebraten wurden, in Olivenöl von beiden Seiten je 1 Minute anbraten und mit einer Prise Salz würzen.*

GEBRATENES SAIBLING-FILET
MIT ASIATISCH GEBRATENEM GEMÜSE

2 Personen; Vorbereitungszeit: 20–25 Minuten; Garzeit: 20 Minuten

Fisch: 4 Saibling-Filets à ca. 80 g • Salz • Pfeffer aus der Mühle • Mehl • 1 Zehe Knoblauch
1 TL gehackter Ingwer • 1 Peperoni • 2 EL Erdnussöl • 1 EL Butter
Gebratenes Gemüse: 1 Pak Tsoi • 1 Karotte • 3 Babymais • 1 Handvoll Zuckererbsen
2 weiße Spargel • 2 grüne Spargel • ¼ Weißkohl • 2 Knoblauchzehen
1 EL thailändische Fischsauce • 1 TL Zucker • 3 EL Austernsauce • 100 ml Wasser
1 EL Maisstärke • 2 EL Erdnussöl • schwarzer Pfeffer aus der Mühle

Saibling:

1. Saibling-Filets waschen, trocken tupfen und Gräten ziehen. Die Fischfilets mit Salz und Pfeffer würzen und die Hautseite mit etwas Mehl bestäuben.

2. Knoblauch und Ingwer schälen und fein hacken. Peperoni halbieren, entkernen und in Streifen schneiden.

3. Erdnussöl in einer Pfanne erhitzen und die Filets auf der Hautseite 2 Minuten knusprig anbraten.

4. Filets wenden, die Butter hinzugeben und aufschäumen lassen. Knoblauch, Ingwer und Peperoni hinzugeben und den Fisch eine weitere Minute braten. Währenddessen den Fisch mit der Butter und den Zutaten begießen.

Gebratenes Gemüse:

1. Das Gemüse in grobe Stücke schneiden. Den Knoblauch in Scheiben schneiden.

2. Fischsauce, Zucker, Austernsauce, Wasser und Maisstärke mit dem Schneebesen in einer Schüssel verrühren.

3. Öl in einer Pfanne erhitzen, den Knoblauch hinzugeben und goldgelb anrösten. Schnell das Gemüse hinzugeben und 1 Minute unter ständigem Rühren anbraten.

4. Die angerührte Sauce darübergeben und etwa 1 Minute einköcheln lassen. Mit grob gemahlenem Pfeffer abschmecken.

Bei der Gemüseauswahl muss man sich keinen Stress machen. Man kann das Gemüse je nach Jahreszeit und Geschmack variieren.

BODENSEEFELCHEN
MIT MANDELBUTTER UND KRÄUTERSAUCE

4 Personen; Vorbereitungszeit: 10 Minuten; Zubereitungszeit: 20 Minuten

**8 Bodenseefelchen-Filets à ca. 150 g • Salz und Pfeffer • 50 g griffiges Mehl • 2 Schalotten
2 EL Sonnenblumenöl • 60 g Butter • 300 ml Weißwein, z.B. ein trockener Riesling
250 ml Sahne • Kräuter, z.B. Dill, Petersilie, Basilikum, Schnittlauch • 1 Zitrone
100 g gerösteter Mandelgrieß**

1. Felchen-Filet von beiden Seiten mit Salz und Pfeffer würzen und mit der Hautseite mit Mehl bestäuben.

2. Schalotten schälen, fein würfeln und in einem Topf mit Sonnenblumenöl und 30 g Butter glasig anschwitzen. Mit Weißwein ablöschen.

3. Den Wein auf die Hälfte einköcheln lassen, die Sahne dazugeben und mit Salz und Pfeffer würzen, einmal aufkochen.

4. Die Kräuter vom groben Stiel entfernen, sehr fein hacken und in die Sauce geben. Alles mit dem Pürierstab fein mixen und die Sauce aufschäumen lassen. Mit Salz, Pfeffer und Zitronensaft abschmecken.

5. Den Fisch nun mit etwas Sonnenblumenöl in einer Pfanne auf der Hautseite ca. 2 Minuten knusprig anbraten, dann wenden und eine weitere Minute braten.

6. Die restliche Butter hinzugeben und aufschäumen lassen. Mandelgrieß hinzugeben und auf den Filets verteilen.

7. Den Fisch in einen tiefen Teller setzen und die Sauce um den Fisch herumgießen.

*Bodenseefelchen ist einer meiner Lieblingsfische. Früher bin ich oft mit dem Ruderboot auf den Bodensee gefahren, um Felchen zu angeln.
Felchen bekommt man beim guten Fischhändler. Für dieses Rezept bin ich extra an den Bodensee gefahren. Es musste einfach ins Buch!*

GEBACKENER SAIBLING
AUF ASIATISCHE ART MIT CREMESPINAT

2 Personen; Zubereitungszeit: 20 Minuten; Kochzeit: 20 Minuten

Saibling: 2 Saiblinge à ca. 400 g • Salz • schwarzer Pfeffer aus der Mühle
50 g griffiges Mehl • 300 ml Erdnussöl zum Frittieren • 1 Bund glatte Petersilie
½ TL Fleur de Sel • 1 Zitrone • 1 TL 5 Gewürzemischung

Cremespinat: 300 g Blattspinat • 1 EL Butter • 1 Schalotte, fein gehackt • 1 Knoblauchzehe,
fein gehackt • 2 TL Ingwer, fein gehackt • 300 g Blattspinat • 150 ml Sahne • ½ TL Salz
schwarzer Pfeffer aus der Mühle • Muskatnuss • 1 EL Zitronensaft

Saibling:

1. Den Saibling unter fließendem Wasser gut abwaschen und mit einem Küchenkrepp trocken tupfen.

2. Den Fisch von innen und außen mit Salz und Pfeffer würzen, vorsichtig in Mehl wälzen.

3. In einer Pfanne das Erdnussöl erhitzen und den Fisch von beiden Seiten etwa 6 Minuten goldgelb ausbacken. Herausnehmen und auf einem Küchenkrepp abtropfen.

4. Zum Garnieren: Petersilie ohne die dicken Stiele im heißen Erdnussöl knusprig ausbacken und auf Küchenkrepp ablegen. Direkt nach dem Herausnehmen mit Salz würzen.

5. Den Fisch mit Fleur de Sel und der Gewürzmischung bestreuen und die Zitrone darüber ausdrücken. Die gebackene Petersilie dazu servieren.

Cremespinat:

1. Spinat waschen, gut abtropfen lassen und die groben Stiele entfernen.

2. Butter in einem Topf zerlassen. Die gehackten Schalotten, den Knoblauch sowie den Ingwer in der Butter langsam anbraten. Den Spinat hinzugeben.

3. Mit der Sahne auffüllen und den Spinat etwa 5 Minuten sanft köcheln lassen.

4. Mit Salz, Pfeffer und geriebener Muskatnuss abschmecken.

5. Spinat mit dem Mixer fein pürieren und mit Zitronensaft verfeinern.

HAUPTSPEISEN

GEMÜSE

OFENGEMÜSE
VOM FREIBURGER BAUERNMARKT

2 Personen; Vorbereitungszeit: 20 Minuten; Garzeit: 20 Minuten

**2 Petersilienwurzeln • 2 Navetten/Rüben • 2 Karotten • 1 Fenchelknolle
1 paar Blätter Grünkohl • 2 Haferwurz • 2 Knoblauchzehen • 2 EL Olivenöl • Salz, Pfeffer,
Rohrzucker • etwas Brühe oder Wasser • Kräuterzweige, z.B. Rosmarin und Thymian
1 Zitrone, Schale fein abgerieben**

1. Die verschiedenen Gemüsesorten schälen und längs vierteln bzw. in Stücke schneiden. Mit Olivenöl, etwas Salz, Pfeffer sowie einer Prise Rohrzucker und den restlichen Zutaten auf einem Backblech marinieren.

2. Im vorgeheizten Backofen bei 200 °C für etwa 20 Minuten goldbraun backen. Das Gemüse sollte noch Biss haben, am besten direkt aus dem Ofen servieren.

NUDELN MIT BRÖSELBUTTER
BLUMENKOHL, ERBSEN UND MINZE

4 Personen; Zubereitungszeit: 40 Minuten; Ruhezeit: 60 Minuten

Nudelteig: 400 g Mehl · 4 Eier (Größe L) · 2 EL Olivenöl · 1 TL Salz
Gemüse: 1 kleiner Blumenkohl · 100 g Erbsen (tiefgefroren) · 100 g Zuckererbsen · 100 g
Butter · 40 g Paniermehl · 4 EL Olivenöl · Salz und Pfeffer · 4 Zweige Minze · 1 Zitrone

Nudelteig:

1. Mehl in eine Schüssel geben und in der Mitte eine Mulde drücken. Eier, Olivenöl und Salz hineingegeben und mit einem Holzlöffel gut verrühren, bis der Teig zu einem Klumpen wird.

2. Den Teig aus der Schüssel herausnehmen, rund und geschmeidig kneten, in Folie einpacken und 1 Stunde im Kühlschrank ruhen lassen.

3. Den Teig in vier gleich große Teile schneiden und diese einzeln auf einer bemehlten Arbeitsfläche in dünne Platten ausrollen. Mit Mehl bestäuben.

4. Mit einem Messer oder einem Teigrad den Teig in 2 cm breite Nudeln schneiden, diese aufrollen und in Nestform auf eine bemehlte Unterlage legen.

5. Einen großen Topf mit gesalzenem Wasser zum Kochen bringen und die Nudeln darin 2 Minuten kochen und abgießen.

6. Vom Kochwasser einen kleinen Rest im Topf zurückbehalten und mit etwas Butter verrühren. Die Nudeln wieder in den Topf geben und mit einem Holzlöffel durchschwenken. So kleben die Nudeln nicht aneinander.

Gemüse:

1. Blumenkohl in kleine Röschen schneiden und putzen. Die Erbsen in lauwarmem Wasser auftauen. Die Zuckererbsen waschen und bereitstellen.

2. Für die Bröselbutter die Hälfte der Butter in einem Topf erhitzen und das Paniermehl darin goldgelb anrösten. Wieder herausnehmen und beiseitestellen.

3. Die andere Hälfte der Butter mit Olivenöl erhitzen und den Blumenkohl darin 2 Minuten bei mittlerer Hitze anrösten. Erbsen und Zuckererbsen hinzugeben. Mit Salz und Pfeffer würzen.

4. Minzeblätter in Streifen schneiden und hinzugeben.

5. Den Herd ausschalten, die Nudeln dazugeben und alles vorsichtig mischen. Die Zitronenschale fein darüberreiben. Mit Salz und Pfeffer abschmecken und die Bröselbutter darüberverteilen.

PERLGRAUPEN-RISOTTO
MIT GEBRATENEM GEMÜSE UND KRÄUTERPESTO

4 Personen; Vorbereitungszeit: 10 Minuten; Zubereitungszeit: 30 Minuten

Perlgraupen-Risotto: 1 Schalotte • 1 Zehe Knoblauch • 1 EL Olivenöl • 80 g Butter
150 g Perlgraupen • Salz • 150 ml trockener Weißwein • 600 ml Hühner- oder Gemüsebrühe • 50 g Parmesan • 40 g Butter • Salz und Pfeffer • 1 Bund Thymian
Schale von ½ Zitrone, fein abgerieben
Kräuterpesto: 1 Bund frische Kräuter, z.B. Basilikum, Blattpetersilie, Rucola • ½ Knoblauchzehe • 3–4 EL Olivenöl • 1 Spritzer Zitronensaft • Salz und Pfeffer
Gebratenes Gemüse: 1 rote Paprika • ½ Bund Fingermöhren • 1 kleine Zucchini • 8 Dattel-
tomaten • 2 EL Olivenöl • 1 Knoblauchzehe • 1 Zweig Thymian • Fleur de Sel • Pfeffer

Perlgraupen-Risotto:

1. Schalotte und Knoblauch schälen und fein hacken.

2. Olivenöl und 40 g Butter in einem Topf erhitzen und
Schalotte sowie Knoblauch darin glasig andünsten.

3. Die Graupen dazugeben, salzen und etwa 2 Minuten
dünsten, damit sie glasig werden.

4. Den Wein dazugießen und komplett einkochen lassen.

5. Brühe nach und nach dazugeben. Zugedeckt bei kleiner Hitze etwa 30 Minuten köcheln lassen, zwischendurch
umrühren.

6. Parmesan fein reiben und zusammen mit der restlichen
Butter unter die Graupen rühren. Mit Salz und Pfeffer abschmecken. Kurz vor dem Servieren den gehackten Thymian und die Zitronenschale hinzugeben.

Kräuterpesto:

1. Die Kräuter waschen, vom Stiel entfernen und klein hacken. Knoblauch schälen und fein hacken.

2. Alle Zutaten zusammen mit Olivenöl und Zitronensaft
in einem hohen Becher mit dem Pürierstab fein mixen. Mit
Salz und Pfeffer abschmecken.

Gebratenes Gemüse:

1. Paprika zerteilen und mit dem Gemü-
seschäler die Schale abziehen.

2. Fingermöhren halbieren und Zucchini
in dicke Streifen schneiden, Datteltoma-
ten halbieren.

3. Das Olivenöl in einer Pfanne erhitzen
und das Gemüse darin scharf und kurz
anbraten. Knoblauch schälen, andrücken und zusammen mit dem Thymianzweig mitbraten. Mit Fleur de Sel und
Pfeffer abschmecken.

GEMÜSEBEILAGEN
KÜRBIS, SCHWARZWURZEL, ROTKRAUT, WIRSING UND BOHNEN

4 Personen; Vorbereitungszeit: 15 Minuten; Garzeit: 30 Minuten

**½ Hokkaidokürbis • 1 Tomate • 2 Knoblauchzehen • 1 TL Zucker • ½ TL Fleur de Sel
3 EL Olivenöl • 4 Zweige Rosmarin • 4 Zweige Thymian**

Ofenkürbis:

1. Kürbis vierteln, in 2 cm große Würfel schneiden, Tomate halbieren und auf ein Backblech geben. Knoblauch schälen, grob hacken und dazugeben.

2. Zucker, Salz und Olivenöl zum Kürbis geben und alles mit den Händen vermischen.

3. Kräuterzweige darauflegen und im Backofen bei Umluft 180 °C ca. 30 Minuten garen. Den Kürbis währenddessen zweimal wenden.

SCHWARZWURZEL-RAGOUT

600 g Schwarzwurzeln • 2 EL Olivenöl
50 g Butter • 2 Schalotten • 2 Knoblauchzehen
2 Orangen • 1 Zweig Rosmarin • Bund Petersilie
Salz • schwarzer Pfeffer aus der Mühle

1. Schwarzwurzeln waschen und schälen, dann in Essigwasser legen, damit sie nicht oxidieren. Die Wurzeln in fingerdicke Stücke schneiden.

2. Olivenöl in einer Pfanne erhitzen und die Schwarzwurzeln darin 3–4 Minuten anbraten. Mit Wasser ablöschen, bis die Wurzeln bedeckt sind. Etwa 10 Minuten sanft weich köcheln lassen, bis das Wasser verdunstet ist. Die Butter hinzugeben und schmelzen lassen.

3. Schalotten und Knoblauch fein hacken und in der Butter mitrösten. Orangen filetieren und dabei den Saft auffangen. Orangensaft in die Pfanne geben und etwa 2 Minuten einköcheln lassen. Die Kräuter fein hacken und zusammen mit den Orangenfilets hinzugeben. Mit Salz und Pfeffer abschmecken.

Beim Verarbeiten von Schwarzwurzeln sollte man besser Handschuhe anziehen, da man sonst für 1–2 Tage gelb-braune Hände hat.

ROTKRAUT

500 g Rotkraut • 1 Zwiebel • 2 EL Butter oder Gän-
seschmalz • 500 ml Rotwein • 100 ml Apfelsaft
2 EL Honig • 1 EL Ahornsirup • 1 TL Salz
2 Gewürznelken • 1 Zimtstange • 2 Wacholderbee-
ren • 1 Sternanis • 1 Orange • 1 Zitrone
Salz und Pfeffer

1. Rotkraut vierteln, den Strunk entfernen und in feine Streifen schneiden oder hobeln. Die Zwiebel schälen und würfeln.

2. Butter oder Schmalz in einem Topf zerlassen und die Zwiebel darin anschwitzen. Mit Rotwein ablöschen, mit Apfelsaft, Honig, Ahornsirup und Salz einmal aufkochen.

3. Die Gewürze in ein Tee-Ei oder Gewürzsäckchen geben und in die Flüssigkeit hängen. Orangen- und Zitronenschale abreiben und den Saft auspressen. Beides hinzugeben.

4. Die heiße Flüssigkeit über das geschnittene Kraut in einer Schüssel gießen. Diese abdecken und für etwa 24 Stunden im Kühlschrank marinieren lassen.

5. Am nächsten Tag das Kraut in einen Topf geben und bei schwacher Hitze etwa 40 Minuten garen. Mit Salz und Pfeffer abschmecken.

RAHMWIRSING MIT HASELNÜSSEN

½ oder ein kleiner Wirsing • 2 Schalotten
50 g Butter • 50 ml Noilly Prat • 250 ml Sahne
Salz und Pfeffer • 1 EL gemahlene Haselnüsse

1. Wirsing vierteln, den Strunk ausschneiden und den Kohl in dünne Streifen schneiden. Schalotten in feine Würfel schneiden.

2. Butter in einer Pfanne schmelzen und die Schalotten darin glasig schwitzen. Den Wirsing dazugeben und 2 Minuten bei mittlerer Hitze anbraten.

3. Mit dem Noilly Prat ablöschen, etwas köcheln lassen und dann die Sahne dazugießen. Mit Salz und Pfeffer würzen und zu einer sämigen Sauce einköcheln lassen.

4. Kurz vor dem Servieren die gemahlenen Haselnüsse hinzugeben.

BOHNEN

600 g grüne Bohnen • 1 EL Salz • 1 Zwiebel
1 Knoblauchzehe • 1 EL Butter • 1 EL Olivenöl
1 Karotte • 4 Kirschtomaten • frische Kräuter,
z.B. Bohnenkraut, Thymian, Petersilie
Salz und Pfeffer

1. Bohnen an beiden Enden abschneiden. 3 l Wasser mit dem Salz in einem Topf zum Kochen bringen und die Bohnen darin 5 Minuten garen, sodass diese noch knackig sind.

2. Bohnen abgießen und für einige Minuten in eine Schüssel mit Eiswürfeln und kaltem Wasser geben, um sie abzuschrecken.

3. Zwiebel und Knoblauch fein würfeln. Butter und Olivenöl in einem Topf schmelzen, Zwiebel und Knoblauch darin glasig schwitzen.

4. Karotte fein würfeln und mit den Kirschtomaten in den Topf geben, 1 Minute anbraten. Die Bohnen hinzurühren und erwärmen. Dabei mit Wasser angießen und einköcheln lassen.

5. Die Kräuter vom Stiel entfernen, fein hacken und darüberstreuen. Mit Salz und Pfeffer abschmecken.

GURKENGEMÜSE
MIT TOMATEN UND KAPERN

4 Personen; Zubereitungszeit: 20 Minuten

1 Salatgurke • 1 Schalotte • 1 Knoblauchzehe • 1 Tomate • 4 EL Olivenöl
1 EL Kapern • ½ TL Kurkumapulver • 2 EL Gurkengeist oder trockener Weißwein
½ Bund glatte Petersilie • 1 Zitrone • Salz und schwarzer Pfeffer aus der Mühle

1. Gurke der Länge nach halbieren, mit einem Kaffeelöffel das Kerngehäuse aushöhlen und die Gurke in 1 cm dicke Stücke schneiden. Schalotte und Knoblauch schälen und fein hacken. Tomate in grobe Würfel schneiden.

2. Olivenöl in einer Pfanne erhitzen und die Gurkenstücke sanft darin anbraten. Schalotten und Knoblauch hinzugeben und mitbraten. Während des Anbratens die Pfanne schwenken oder die Gurken mit einem Holzlöffel wenden. Tomaten und Kapern sowie 1 TL Kapernsud aus dem Glas hinzugeben und einköcheln lassen. Mit Kurkumapulver würzen, 1 Minute mitrösten und mit Gurkengeist oder einem trockenen Weißwein ablöschen.

3. Petersilie grob hacken und zusammen mit der fein abgeriebenen Zitrone hinzugeben. Mit Salz und Pfeffer abschmecken.

Dieses Rezept ist eine tolle und schnell zubereitete Gemüsebeilage in den Sommermonaten.
Ich serviere sie am liebsten zu Fisch, z.B. zur Schwarzwaldforelle (s.S. 80).

NACHSPEISEN

NACHSPEISEN
SÜSSER ABSCHLUSS ODER ZUM KAFFEE

Bei uns in Baden ist das Dessert nach dem Essen nicht wegzudenken.
Durch die kurze Entfernung zu Frankreich fließen typische Details wie Karamell, Baiser und Blätterteig in die Rezepturen unserer badischen Klassiker und runden diese raffiniert ab.
Auf großen Wiesen stehen in Baden noch viele alte Bäume mit herrlichem Obst wie Äpfel, Kirschen und Aprikosen. Beeren aller Art werden in den Sommermonaten angeboten und an den Marktständen läuft einem angesichts dieser vielseitigen bunten Auswahl das Wasser im Mund zusammen.

Äpfel und Birnen gehören aufgrund der guten Lagerfähigkeit wohl zum beliebtesten Obst in Baden. Zahlreiche Sorten mit verschiedenen Backeigenschaften sind bei uns erhältlich. Immer häufiger werden auch wieder alte und vergessene Obstsorten neu gezüchtet, die unsere Desserts bereichern.

Viele meiner Gäste sagen, das Dessert sei der wichtigste Gang, da er als Letztes serviert wird und dadurch die Aromen auf dem Heimweg noch auf der Zunge liegen. Mir sind natürlich alle Menügänge gleich wichtig, aber auch beim Dessert bin ich der Meinung, dass unser Gaumen und unser Gehirn nicht zu viele verschiedene Aromen verarbeiten kann.

Gerade bei Desserts reduziere ich die Aromen auf das Wesentliche und kombiniere meistens nur drei unterschiedliche Hauptzutaten.

In Restaurants werden Desserts häufig mit großem Aufwand von einem Pâtissier hergestellt. Zu Hause sollen Desserts jedoch schnell gehen und gut vorzubereiten sein, damit man nach dem Hauptgang nicht zu lange in der Küche stehen muss.

BADISCHER KIRSCHPLOTZER
À LA OMA KLARA

4 Personen; Vorbereitungszeit: 25 Minuten; Backzeit: 50 Minuten

150 g Butter (Zimmertemperatur) • 180 g Zucker • 6 Eier (Größe L) • 1/16 l badischer Weiß-wein • 3 EL Kaiserstühler Kirschwasser • ½ TL Zimt • 180 g geröstetes Schwarzbrot oder Zwieback • 180 g Mandeln, gemahlen • 1 Prise Salz • 2 Pfund schwarze Süßkirschen 2 EL Puderzucker

1. Butter und Zucker mit einem Rührgerät etwa 4 Minuten schaumig schlagen.

2. Die Eier trennen und das Eigelb nach und nach hinzugeben, so-dass die Masse schön glatt bleibt. Weißwein, Kirschwasser und Zimt hinzugeben und durchrühren.

3. Das im Backofen geröstete Schwarzbrot oder den Zwieback grob reiben und zusammen mit den Mandeln unter die Masse geben.

4. Das Eiweiß mit eine Prise Salz steif schlagen und unterheben. Die gewaschenen Kirschen einrühren.

5. Eine Springform mit Butter einpinseln und die Masse hineinfüllen. Den Backofen auf 180 °C Umluft vorheizen und den Kuchen etwa 50 Minuten backen. Nach dem Backen auskühlen lassen und mit Puderzucker bestreuen.

Dies ist ein überliefertes Rezept meiner Kaiserstühler Großmutter Klara Kindler. Sie hat mir das Kochen in die Wiege gelegt. Am liebsten würde ich noch heute in ihrer Küche am Tisch sitzen, mich bekochen lassen und zusehen, wie sie den Ofen mit Holz befeuert. Ge-schmeckt hat es immer wunderbar.

Vorsicht beim Zubeißen: Die Kirschen werden nicht entsteint. Dadurch bekommt der Kuchen mehr Aroma und die Kirschen können nicht auslaufen.

GEBACKENE HOLUNDERBLÜTEN,
APFEL- ODER APRIKOSENKÜCHLE
MIT ZITRONENGRASSAUCE

4 Personen; Zubereitungszeit: 20 Minuten; Backzeit: 5 Minuten

Backteig: 100 g Mehl • 125 ml Weißwein, z.B. Sauvignon Blanc, Muskateller
2 Eier • 60 g Butter, flüssig • 40 g Zucker • 1 Prise Salz • 300 ml Sonnenblumenöl • Früchte,
z.B. Äpfel, Aprikosen oder Holunderblüten • Puderzucker oder Zucker
Zitronengrassauce: 3 Eigelbe • 30 g Kokosblütenzucker • 3 Stück Zitronengras
250 g Sahne

Gebackene Früchte:

1. Mehl in eine Schüssel sieben und Weißwein mit dem Schneebesen einrühren.

2. Eier trennen. Eigelb mit der flüssigen Butter und dem Zucker verrühren.

3. Eiweiß mit dem Salz steif schlagen und unter die Eigelbmasse rühren.

4. Öl in einen Topf geben und erhitzen.

5. Apfel oder Früchte schneiden, Holunderblüten abspülen und in Mehl wenden, überschüssiges Mehl abklopfen und die Früchte durch den Teig ziehen, ins heiße Fett geben und etwa 2 Minuten goldgelb ausbacken.

6. Mit Küchenkrepp abtupfen und in Puderzucker oder Zucker mit Gewürzen (s.u.) wenden.

Zitronengrassauce:

1. Eier trennen und mit dem Kokosblütenzucker in einer Schüssel mischen. Mit dem Handrührgerät schaumig schlagen.

2. Zitronengras waschen und grob schneiden, mit Sahne in einem Topf aufkochen und 30 Minuten ziehen lassen, anschließend durch ein Sieb geben.

3. Sahne mit der Eiermasse mischen und in einer Schüssel – auf leicht siedendem Wasserbad – mit dem Schneebesen etwa 5–10 Minuten rühren, bis eine sämige Sauce entsteht.

4. Die Sauce abkühlen lassen.

*Die unterschiedlichen Früchte wälze ich in Zucker mit verschiedenen Gewürzen.
Apfelküchle klassisch in Zimt-Zucker. Zu Aprikosen passt Rosmarin oder Lavendel. Für
die Holunderblüten nehme ich selbstgemachten Vanillezucker.*

APFELMUS
MIT FEINEN GEWÜRZEN

4 Personen; Vorbereitungszeit: 20 Minuten; Kochzeit: 20 Minuten; Einmachzeit: 40 Minuten

1 kg Äpfel, z.B. Boskop, Elstar, Topaz • 1 Zitrone • 1 Vanilleschote, ausgekratzt
2 Zimtstangen • 2 Kardamomkapseln • 2 Stück Sternanis • 500 ml Wasser

1. Äpfel schälen, Kerngehäuse entfernen, waschen und in Würfel schneiden.

2. Zitrone mit dem Sparschäler dünn schälen, den Saft auspressen.

3. Die Äpfel, die Gewürze sowie die Zitronenschale in ein großes Sieb aus Metall geben.

4. Wasser in einem Topf aufkochen. Das Sieb in den Topf hängen, einen Deckel darauf setzen und die Äpfel etwa 20 Minuten unter Dampf garen.

5. Nach dem Garen die Gewürze und die Zitronenschale entfernen und die Äpfel mit dem Stabmixer fein pürieren.

6. Das Apfelmus kann nun in Einmachgläser gefüllt werden und im Backofen auf einem Backblech mit Wasser bei 100 °C 40 Minuten eingekocht und haltbar gemacht werden.

Wer einen Dampfgarer besitzt, kann das Apfelmus selbstverständlich im Dampfgarer zubereiten. Dies ist eine sehr schonende Garmethode, die den Geschmack der Äpfel bewahrt. Sollte das Apfelmus etwas zu säuerlich schmecken, kann man einfach etwas Zucker oder flüssigen Apfeldicksaft hinzugeben.

QUARKMOUSSE
MIT TONKABOHNE UND GEBRANNTEN MANDELN

4 Personen; Vorbereitungszeit: 25 Minuten; Ruhezeit: 60–80 Minuten

**<u>Mousse:</u> 300 g Rahmtopfen (Rahmquark) • ½ Tonkabohne, fein gerieben • ½ Orangenschale, fein abgerieben • ½ Zitronenschale, fein abgerieben • 35 g Puderzucker • 2 Blatt Gelatine oder 5 g Agar-Agar • 25 ml Rum (ersatzweise Orangensaft) • 180 ml Sahne
frische Früchte
<u>Gebrannte Mandeln:</u> 50 g Mandeln, geschält • 50 g Zucker • 20 ml Wasser • 1 TL Öl
1 Prise Fleur de Sel**

Quarkmousse:

1. Den Quark mit der fein gemahlenen Tonkabohne, der Orangen- und Zitronenschale sowie dem Puderzucker glatt rühren.

2. Gelatine in kaltem Wasser einweichen, ausdrücken und im erwärmten Rum auflösen (Agar-Agar im Rum bzw. Orangensaft aufkochen).

3. Die Rummischung mit dem Schneebesen kräftig in die Quarkmasse einrühren.

4. Sahne mit dem Rührgerät cremig steif schlagen und 1/3 davon mit dem Schneebesen untermischen, den Rest vorsichtig mit einem Teigschaber unterheben.

5. Mithilfe eines Spritzbeutels in Gläser abfüllen und mindestens für 1 Stunde in den Kühlschrank stellen.

6. Mit frischen Früchten garnieren.

Gebrannte Mandeln:

1. Mandeln 8–10 Minuten in den vorgeheizten Backofen bei 200 °C geben.

2. Zucker mit Wasser auf dem Herd aufkochen. Wenn das Wasser verdunstet ist und der Zucker sich goldbraun färbt, Mandeln und Öl hinzugeben und rühren, bis der geschmolzene Zucker die Mandeln umschließt. Mit Fleur de Sel abschmecken.

3. Mandeln auf ein Backpapier geben und abkühlen lassen und die Mousse damit verzieren.

VANILLECREME
MIT MARINIERTEN BEEREN

4 Personen; Zubereitungszeit: 15 Minuten; Ruhezeit: 30 Minuten

Vanillecreme: 150 ml Milch • 20 g Speisestärke • 200 ml Sahne • 1 Eigelb • 90 g Zucker
1 Prise Salz • ½ Vanilleschote
Marinierte Beeren: 250 g Beeren • 3 TL Vanillezucker • frische Minze
2 EL Grand Marnier oder Orangensaft

Vanillecreme:

1. Etwa 50 ml von der Milch nehmen und mit der Speisestärke anrühren.

2. Die restliche Milch mit 150 ml Sahne mischen. Das Eigelb, die Hälfte des Zuckers, das Salz und das Mark der Vanilleschote hinzugeben. Alles zusammen in einem Topf langsam unter ständigem Rühren mit dem Schneebesen aufkochen, bis die Flüssigkeit sämig wird.

3. Die Masse nun im Kühlschrank abkühlen lassen. Vor dem Servieren die restliche Sahne mit dem restlichen Zucker steif schlagen und mit dem Schneebesen unter die Masse heben.

Marinierte Beeren:

1. Beeren putzen, würfeln und in einer Schüssel mit dem Vanillezucker mischen.

2. Minzeblätter fein schneiden und dazugeben. Grand Marnier, alternativ Orangensaft hinzugeben und nochmals mischen.

RHABARBERTARTE
MIT BAISER

Vorbereitungszeit: 15 Minuten; Ruhezeit: 60 Minuten; Backzeit: 45 Minuten

Mürbeteig: 250 g Mehl, gesiebt • 125 g kalte Butter, gewürfelt • 70 g Puderzucker, gesiebt
½ Vanilleschote, Mark ausgekratzt • 1 Prise Salz • 1 Ei • Butter und Mehl für die Form

Füllung: 5 Stangen Rhabarber (etwa 400 g) • 3 Eier • 250 ml Schlagsahne
50 ml Apfelsüße • 1 Prise Zimt • Vanilleschote, Mark ausgekratzt • 1 kleines Stück Ingwer

Baiser: 90 g Puderzucker • 90 g Zucker • 1 Prise Salz • 1 EL Stärke, z.B. Maisstärke, Kartof-
felstärke • 3 Eiweiße • 1 Limette, Schale

Mürbeteig:

1. Für den Mürbeteig alle Zutaten in einer Schüssel mit den Händen rasch verkneten.

2. Den Teig in Klarsichtfolie mindestens 1 Stunde im Kühlschrank ruhen lassen.

3. Eine Tarte-Form mit Butter auspinseln und mit Mehl bestäuben.

4. Den Teig ausrollen, in die Form legen und den Rand gut andrücken. Die Tarte bei 150 °C etwa 15 Minuten vorbacken.

Füllung:

1. Rhabarber schälen und in Würfel schneiden. Die Eier sauber trennen. Das Eiweiß kühl stellen.

2. Rhabarber mit Vanillezucker marinieren und 30 Minuten auf einem Sieb abtropfen lassen.

3. Mit einem Schneebesen die Sahne mit Apfelsüße, Zimt, Vanillemark und fein geriebenem Ingwer gut verrühren.

4. Rhabarber auf die vorgebackene Tarte geben, mit der Flüssigkeit aufgießen und bei 180 °C etwa 30 Minuten backen.

Baiser:

1. Für das Baiser Puderzucker, Zucker, Salz und Stärke in eine Schüssel sieben und gut mischen.

2. Das Eiweiß in eine große Schüssel geben und mit dem Handrührgerät schlagen. Dabei die Zucker-Stärke-Mischung nach und nach dazugeben und schlagen, bis es einen seidig glänzenden Eischnee gibt.

3. Zuletzt die fein geriebene Limettenschale hinzugeben und nochmals kurz durchmischen.

4. Das Baiser auf den Kuchen geben und mit dem Bunsenbrenner oder dem Backofengrill ca. 5 Minuten gratinieren.

SCHOKOLADENKÜCHLE
MIT FLÜSSIGEM KERN UND SAFRAN-HONIGBIRNE

4 Personen; Vorbereitungszeit: 30 Minuten; Backzeit: 23 Minuten

Schokoladenküchle: 100 g Zartbitter-Kuvertüre 70 % • 100 g Butter • 2 Eier
2 Eigelb • 60 g Zucker • 50 g Mehl • 4 Schokoladentrüffel • 20 g Butter für die Förmchen
Puderzucker zum Bestäuben

Safran-Honigbirne: 4 mittelgroße Birnen • 100 ml Weißwein • 300 ml Wasser
50 g Honig • 50 g Zucker • 1 Zimtstange • 1 g Safran

Schokoladenküchle:

1. Kuvertüre klein hacken und mit Butter in einer Schüssel auf siedendem Wasserbad schmelzen.

2. Eier, Eigelb und Zucker mit dem Rührgerät schaumig schlagen, bis sich das Volumen verdoppelt hat. Die geschmolzene Kuvertüre-Mischung unter ständigem Rühren unter die Eimasse gießen.

3. Das Mehl fein sieben und vorsichtig mit einem Gummischaber unterheben.

4. Den Backofen auf 190 °C Umluft vorheizen. Ofenfeste Porzellanförmchen mit Butter auspinseln und mit der Masse bis knapp unter den Rand befüllen. Jeweils einen Schokoladentrüffel in die Mitte stecken, sodass dieser bedeckt ist.

5. Die Förmchen auf einem Backblech 13 Minuten backen. Danach mit einem Messer den Rand lösen, auf einen Teller stürzen und mit Puderzucker bestäuben.

Safran-Honigbirne:

1. Die Birnen schälen und mit einem Apfelausstecher von unten aushöhlen.

2. Weißwein mit Wasser, Honig und Zucker einmal aufkochen.

3. Die Zimtstange und den Safran dazugeben und die Birnen hineinsetzen.

4. Mit einem Deckel abdecken und 10 Minuten sanft köcheln lassen.

5. Die Birnen herausnehmen und beiseitestellen, die Zimtstange entfernen und den Sud sämig einköcheln lassen.

6. Die Birnen auf einem Teller anrichten und mit dem Sud begießen.

Das Schokoküchle kann natürlich auch ohne Schokoladentrüffel gebacken werden. Die Backzeit bleibt dabei gleich. Wunderbar schmeckt dazu auch eine Kugel Eis.

APFELTARTE
MIT KARAMELLSAUCE UND FLEUR DE SEL

4 Personen; Vorbereitungszeit: 20 Minuten; Backzeit: 40 Minuten

<u>Tarte:</u> 1 Rolle Blätterteig • 2 EL geröstete und gemahlene Mandeln • 2 Äpfel
100 ml Sahne • 100 ml Milch • 60 g Zucker • 1 Vanilleschote • 2 Eier • Puderzucker
<u>Karamellsauce:</u> 150 g Zucker • 50 ml Wasser • 125 g Sahne
1 Prise Fleur de Sel

Tarte:

1. Den Blätterteig mit einem Nudelholz ausrollen.

2. Eine Tarte-Form oder ein Backblech mit Butter auspinseln, den Teig darauflegen und mit einer Gabel kleine Löcher einstupfen. Dann die Mandeln darüberstreuen und im vorgeheizten Backofen bei 220 °C etwa 25 Minuten backen.

3. Die Äpfel schälen, in Scheiben schneiden und über dem Blätterteigboden verteilen.

4. Die Sahne mit der Milch in einen Mixbecher geben und den Zucker sowie das Mark der ausgekratzten Vanilleschote und die Eier dazugeben. Mit dem Stabmixer alles verquirlen.

5. Die Masse über die Äpfel gießen und den Backofen auf 120 °C herunterstellen. Die Tarte etwa 15–20 Minuten fertig backen, bis die Masse fest ist.

6. Die Tarte aus dem Ofen nehmen und 5 Minuten ruhen lassen, mit Puderzucker bestäuben.

Karamellsauce:

1. Zucker zusammen mit Wasser in einem Topf erhitzen und langsam goldbraun karamellisieren lassen.

2. Mit Sahne ablöschen und 5 Minuten einkochen lassen, bis die Sauce leicht angedickt ist.

3. Die Sauce vom Herd nehmen und abkühlen lassen.

4. Mit einer Prise Fleur de Sel verfeinern. Die Tarte aufschneiden und zusammen mit der Karamellsauce servieren.

Beim Kochen des Karamells sollte nicht zu viel umgerührt werden, da sonst der Zucker kalte Luft abbekommt und schnell kristallisiert.
Zu diesem Dessert serviere ich gerne eine Kugel frisch gerührtes Vanille- oder Sauerrahmeis.

GEEISTE LINZERTORTE
MIT WARMER HIMBEERSAUCE

4 Personen; Vorbereitungszeit: 40 Minuten; Ruhezeit: 4 Stunden

Geeiste Linzertorte: 3 Eier • 100 g Puderzucker • 2 Nelken • 1 TL Zimt, gemahlen
20 g Vanillezucker • 1 Zitrone, Schale, fein abgerieben • 1 EL Schwarzwälder Kirschwasser
50 g Haselnüsse • 375 ml Sahne • 1 Prise Salz • 30 g Zucker • 100 g gemahlene geröstete
Mandeln
Himbeersauce: 60 g Zucker • 1 Zitrone • 200 g tiefgefrorene Himbeeren

Geeiste Linzertorte:

1. Eier trennen und das Eigelb mit Puderzucker in einer Schüssel über Wasserdampf schaumig rühren, bis sich die Menge etwa verdoppelt hat. Auf Zimmertemperatur abkühlen lassen.

2. Nelken fein mahlen und mit Zimt, Vanillezucker, abgeriebener Zitronenschale und Kirschwasser unter die Masse rühren. Haselnüsse im Backofen bei 150 °C etwa 10 Minuten rösten, auf ein Küchentuch legen und die Schale damit abreiben. Die Nüsse mit einer Küchenmaschine fein mahlen und unter die Parfait-Masse geben.

3. Sahne cremig schlagen und unter die Masse heben. Eiweiß mit Salz und Zucker steif schlagen und vorsichtig unterheben. Die Masse in eine große Springform füllen und mindestens 4 Stunden einfrieren.

4. Vor dem Servieren die Form in heißes Wasser tauchen, um die Torte herauszulösen. Mit gerösteten Mandeln bestreuen.

Himbeersauce:

1. Die Himbeeren mit Zucker aufkochen und durch ein feines Sieb streichen, die Sauce langsam sämig köcheln lassen. Die Schale der Zitrone fein abreiben und hinzugeben. Mit etwas Zitronensaft verfeinern und warm zur geeisten Torte servieren.

Linzertorte ist trotz des Namens auch eine badische Spezialität. Ein Teil von Baden hat einmal zu Österreich gehört. Dies hat natürlich Spuren hinterlassen.

In meiner Familie gibt es die Tradition, im November große Mengen an Linzertorten zu backen, um diese dann in der Vorweihnachtszeit an alle Verwandten zu verschicken. Dieses Rezept ist meine Interpretation der Linzertorte. Ich serviere sie gerne in der Winterzeit, um an diese Tradition anzuknüpfen.

IMPRESSUM

Bibliografische Information der Deutschen Nationalbibliothek.
Die Deutsche Nationalbibliothek verzeichnet diese Publikation in der Deutschen Nationalbibliografie;
detaillierte bibliografische Daten sind im Internet über http://dnb.dnb.de abrufbar.

© 2017 by Chr. Belser Gesellschaft für Verlagsgeschäfte GmbH & Co. KG, Stuttgart.
Alle Rechte vorbehalten.

Redaktion: Lektorat Hille & Schäfer, Freiburg
Rezepte und Texte: Ben Kindler, bensels Kochschule, Freiburg
Gestaltung: Johanna Urban, johannaurban design, Freiburg
Fotos und Reproduktionen: Joss Andres, Film- und Fotodesign, Winden
Schlusskorrektorat: Linda Weidenbach
Gesamtherstellung: Print Consult, München

ISBN: 978-3-7630-2783-5